KOMPLETNA KSIĄŻKA KUCHARSKA O SKORUPIAKACH

Od morza na talerz: kompleksowa przygoda ze skorupiakami

Liwia Majewska

Prawa autorskie ©2024

Wszelkie prawa zastrzeżone

Żadna część tej książki nie może być wykorzystywana ani rozpowszechniana w jakiejkolwiek formie i w jakikolwiek sposób bez odpowiedniej pisemnej zgody wydawcy i właściciela praw autorskich, z wyjątkiem krótkich cytatów użytych w recenzji. Niniejsza książka nie powinna być traktowana jako substytut porady lekarskiej, prawnej lub innej porady zawodowej.

SPIS TREŚCI

SPIS TREŚCI 3

WSTĘP 7

HOMAR 8

   1. Homar Benedykt 9
   2. Omlet z homarem 11
   3. Tost z homarem i awokado 13
   4. Burrito na śniadanie z homarem 15
   5. Omlet z homarem i szpinakiem 17
   6. Naleśniki kukurydziane i stos homarów 19
   7. Gofry z homarem 22
   8. Homar jajka nadziewane sałatką 25
   9. Ravioli z homarem i krabem 27
   10. Placuszki z homara 30
   11. Dip fondue z homara 32
   12. Nachos z homarem 34
   13. Surfuj i graj na kiju 36
   14. Homar Ceviche 38
   15. Kiełbasa z homara 40
   16. Ogon homara z grillowanymi owocami tropikalnymi 42
   17. Ciasto z homarem 44
   18. Rolada z homara 47
   19. Grillowany ser z kraba i homara 49
   20. Homar Newburg 51
   21. z kurkumą w sosie 53
   22. homara z pieca opalanego drewnem 55
   23. Homar po kantońsku 57
   24. Ogony homara z masłem cytrusowym 59
   25. Herbata z czarnej liczi, wędzonego homara 61
   26. Risotto z homarem i curry 63
   27. Makaron z serem i homarem 66
   28. Lasagne z homarem i krewetkami 69

29. Zapiekanka z makaronem homarowym 72
30. Zapiekanka z makaronem i owocami morza 75
31. Makaron muszkowy z homarem i karczochami 77
32. Ravioli ze skorupiakami w bulionie szafranowym 79
33. Gulasz z homara chińskiego 82
34. Bisque z homara i pomidorów 85
35. Pieczarki i homar 87
36. Sałatka z homara i mango 89
37. Sałatka Cezar z Homarem 91
38. Szyfonowa homara 93
39. Tabbouleh z homara z bazylią 95

KREWETKA 98

40. Ukąszenia Bouillabaisse 99
41. Linguine i krewetki Scampi 101
42. Krewetki a la Plancha na tostach z szafranowymi allioli 103
43. Żabnica Bombajska 106
44. Paella z kurczakiem, krewetkami i chorizo 108
45. Minty Krewetkowe Ukąszenia 111
46. Kiwi i krewetki S 113
47. Ziołowy ser kozi i krewetki prosciutto 115
48. Gnocchetti z krewetkami i pesto 117
49. Akadyjski popcorn 120
50. Szaszłyki z owoców morza w glazurze jabłkowej 122
51. Sałatki Szpinakowe Krewetki 124
52. Suflet krewetkowy 126
53. Ceviche Peruano 128
54. Fondue Cheddar z Sosem Pomidorowym 130
55. Pikantny dip z krewetek i sera 132
56. Kaczka Gumbo 134
57. Curry z kaczki z ananasem 137
58. Curry z kaczki BBQ z liczi 140
59. Ceviche z grillowanych skorupiaków 143
60. Miseczki z sajgonkami z cukinii 145
61. Sałatka z komosy ryżowej i krewetek 147
62. Krewetki na kaca 149
63. Roladki krewetkowe Pinwheel 151

64. Makaron Z Serowymi Pesto Krewetkami I Pieczarkami 154
65. Serowe Pesto Krewetki Z Makaronem 156

KRAB 158

66. Muffiny krabowe 159
67. Tarty krabowe 161
68. Dip z owoców morza 163

OSTRYGI 165

69. Krokiety z ostrygami 166
70. Bruschetta z ostryg i pomidorów 169
71. Roladki sushi z ostrygami 171
72. Crostini z ostrygami i serem pleśniowym 173
73. Cajun Smażone Krewetki I Ostrygi 175
74. smażone ostrygi 177
75. Ceviche z ostryg i habanero 179
76. Ukąszenia bekonowo-ostrygowe 181
77. Ostrygi i kawior 183
78. Sajgonki z ostrygami 185
79. Ostrygi smażone w tempurze 187
80. Klasyczne ostrygi Rockefeller 190
81. Napój z ostrygami 192
82. Przekąski Zawijane Ostrygi I Bekon 194
83. Pikantny dip z ostryg 196
84. Kanapki z ostryg i ogórka 198
85. Tostadas z salsą z ostryg i mango 200
86. Crostini z ostrygami i pesto 202
87. Poppersy z ostrygami i bekonem Jalapeño 204
88. Guacamole z ostryg i mango 206
89. Grzyby faszerowane ostrygami i kozim serem 208

MAŁŻE 210

90. Clamowy dip 211
91. Pieczone małże nadziewane 213
92. Placuszki z małżami w puszkach 215
93. Kulki małżowe 217

PRZEGRZEBKI 219

94. Ceviche z przegrzebków zatokowych 220
95. Przegrzebki z bourbona i boczku 222
96. Karmelizowane przegrzebki morskie 224

RAK 226

97. Gotowanie raków w stylu Cajun 227
98. Raki z masłem czosnkowym 229
99. Makaron Rakowy 231
100. Etouffee z raków 233

WNIOSEK 235

WSTĘP

Witamy w „Kompletnej książce kucharskiej ze skorupiakami", kompleksowym przewodniku po przygodach ze skorupiakami, które zabiorą Cię od morza na talerz. Ta książka kucharska jest celebracją różnorodnego i rozkosznego świata skorupiaków, zapraszając Cię do odkrywania bogactw oceanów i tworzenia kulinarnych arcydzieł, które ukazują bogate smaki tych podwodnych skarbów. Wybierz się z nami w podróż wykraczającą poza to, co znane, pozwalającą delektować się morskimi przysmakami na wiele ekscytujących i pysznych sposobów.

Wyobraź sobie stół udekorowany półmiskami soczystych ostryg, doskonale grillowanych krewetek i dekadenckich dań z homara – a wszystko to fachowo przygotowane, aby podkreślić wyjątkowe cechy każdej odmiany skorupiaków. „Kompletna książka kucharska na skorupiaki" to coś więcej niż tylko zbiór przepisów; to eksploracja technik, smaków i możliwości kulinarnych, jakie oferują skorupiaki. Niezależnie od tego, czy jesteś miłośnikiem owoców morza, czy też chcesz poszerzyć swoje kulinarne horyzonty, te przepisy zostały opracowane tak, aby zainspirować Cię do tworzenia niezapomnianych i apetycznych dań ze skarbów morza.

Od klasycznych przetworów po innowacyjne wariacje na temat ulubionych skorupiaków – każdy przepis to celebracja słonych, słodkich i pikantnych smaków, które definiują te oceaniczne rozkosze. Niezależnie od tego, czy organizujesz ucztę z owocami morza, czy też delektujesz się spokojnym posiłkiem w domu, ta książka kucharska to podstawowe źródło wiedzy, które pomoże Ci opanować sztukę przygotowywania skorupiaków.

Dołącz do nas i zanurz się w głębiny oceanu, gdzie każde dzieło jest świadectwem różnorodnego i rozkosznego świata skorupiaków. Załóż więc fartuch, rozkoszuj się świeżością morza i wyrusz w pełną aromatów podróż po „Kompletnej książce kucharskiej ze skorupiakami".

HOMAR

1.Homar Benedykt

SKŁADNIKI:
- 1 ogon homara, ugotowany i pokrojony w kostkę
- 2 angielskie babeczki, podzielone i opiekane
- 4 jajka
- ½ szklanki sosu holenderskiego
- Sól i pieprz do smaku
- Świeży szczypiorek do dekoracji

INSTRUKCJE:

a) W małej misce roztrzep jajka, dopraw solą i pieprzem.

b) Rozgrzej patelnię z powłoką nieprzywierającą na średnim ogniu i rozpuść odrobinę masła. Wlać roztrzepane jajka na patelnię i mieszać, aż uzyskają pożądaną konsystencję.

c) W międzyczasie na osobnej patelni podgrzej pokrojone w kostkę mięso homara.

d) Aby złożyć ciasto, połóż na talerzu połówkę podpieczonej angielskiej muffinki, połóż na niej jajecznicę, a następnie podgrzane mięso homara.

e) Skrop homara sosem holenderskim i udekoruj świeżym szczypiorkiem.

f) Powtórz tę czynność dla pozostałych połówek muffinów angielskich.

g) Natychmiast podawaj.

2.Omlet z homarem

SKŁADNIKI:
- 1 ogon homara, ugotowany i pokrojony w kostkę
- 4 jajka
- ¼ szklanki pokrojonej w kostkę papryki
- ¼ szklanki pokrojonej w kostkę cebuli
- ¼ szklanki startego sera Cheddar
- Sól i pieprz do smaku
- Świeża natka pietruszki do dekoracji

INSTRUKCJE:
a) W misce roztrzepać jajka i doprawić solą i pieprzem.
b) Rozgrzej patelnię z powłoką nieprzywierającą na średnim ogniu i dodaj odrobinę oleju lub masła.
c) Smaż pokrojoną w kostkę paprykę i cebulę, aż staną się miękkie.
d) Wlać ubite jajka na patelnię i obracać, aby równomiernie je rozprowadzić.
e) Smaż, aż brzegi zaczną się wiązać, a następnie posyp pokrojonym w kostkę homarem i posiekanym serem cheddar połowę omletu.
f) Nałóż drugą połowę omletu na nadzienie.
g) Kontynuuj gotowanie, aż jajka całkowicie się zetną, a ser roztopi.
h) Zsuń omlet na talerz i udekoruj świeżą natką pietruszki.

3. Tost z homarem i awokado

SKŁADNIKI:
- 1 ogon homara, ugotowany i pokrojony w kostkę
- 2 kromki chleba tostowego
- 1 dojrzałe awokado, pokrojone w plasterki
- Sok z ½ cytryny
- Sól i pieprz do smaku
- Płatki czerwonej papryki (opcjonalnie)
- Świeża kolendra do dekoracji

INSTRUKCJE:

a) W małej misce rozgnieć awokado z sokiem z cytryny, solą i pieprzem.

b) Rozłóż puree z awokado równomiernie na podpieczonych kromkach chleba.

c) Na każdym plasterku połóż pokrojone w kostkę mięso homara.

d) W razie potrzeby posyp płatkami czerwonej papryki i udekoruj świeżą kolendrą.

e) Natychmiast podawaj.

4. Burrito na śniadanie z homarem

SKŁADNIKI:
- 1 ogon homara, ugotowany i pokrojony w kostkę
- 4 duże jajka
- ¼ szklanki pokrojonych w kostkę pomidorów
- ¼ szklanki pokrojonej w kostkę cebuli
- ¼ szklanki startego sera Monterey Jack
- Sól i pieprz do smaku
- Tortille z mąki
- Salsa i śmietana do podania

INSTRUKCJE:
a) W misce roztrzepać jajka i doprawić solą i pieprzem.
b) Rozgrzej patelnię z powłoką nieprzywierającą na średnim ogniu i dodaj odrobinę oleju lub masła.
c) Smaż pokrojone w kostkę pomidory i cebulę, aż zmiękną.
d) Wlać roztrzepane jajka na patelnię i smażyć, aż się zetną.
e) Dodaj pokrojone w kostkę mięso homara i posiekany ser Monterey Jack na patelnię, mieszając, aż ser się rozpuści.
f) Podgrzej tortille z mąki na osobnej patelni lub w kuchence mikrofalowej.
g) Na każdą tortillę nałóż mieszaninę homara i jajek, następnie złóż boki i ciasno zwiń.
h) Burritos na śniadanie podawaj z salsą i kwaśną śmietaną.

5.Omlet z homarem i szpinakiem

SKŁADNIKI:
- 1 ogon homara, ugotowany i pokrojony w kostkę
- 6 dużych jaj
- 1 szklanka świeżych liści szpinaku
- ¼ szklanki pokrojonej w kostkę cebuli
- ¼ szklanki pokrojonej w kostkę czerwonej papryki
- ¼ szklanki startego parmezanu
- Sól i pieprz do smaku
- Świeże liście bazylii do dekoracji

INSTRUKCJE:
a) Rozgrzej piekarnik do 175°C (350°F).
b) W misce roztrzepać jajka i doprawić solą i pieprzem.
c) Rozgrzej patelnię żaroodporną na średnim ogniu i dodaj odrobinę oleju lub masła.
d) Smaż pokrojoną w kostkę cebulę i czerwoną paprykę, aż staną się miękkie.
e) Dodaj świeże liście szpinaku na patelnię i smaż, aż zwiędną.
f) Na patelnię wlewamy roztrzepane jajka tak, aby wypełniły przestrzenie pomiędzy warzywami.
g) Dodaj pokrojone w kostkę mięso homara równomiernie do całej frittaty.
h) Posypujemy wierzch tartym parmezanem.
i) Przenieś patelnię do nagrzanego piekarnika i piecz przez około 15-20 minut lub do momentu, aż Omlet się zetnie, a ser roztopi i lekko zarumieni.
j) Wyjmij z piekarnika i poczekaj, aż lekko ostygnie przed pokrojeniem.
k) Udekoruj listkami świeżej bazylii i podawaj na ciepło.

6. Naleśniki kukurydziane i stos homarów

SKŁADNIKI:
Na naleśniki kukurydziane:
- 1 szklanka ziaren kukurydzy (świeżych lub mrożonych)
- 1 Mąkę o wszechstronnym przeznaczeniu
- 1 szklanka mleka
- 2 duże jajka
- 2 łyżki roztopionego masła
- ½ łyżeczki soli
- Spray do gotowania lub dodatkowe masło do natłuszczenia patelni

NA NADZIENIE Z HARMATU:
- 2 ogony homara, ugotowane i usunięte z mięsa
- ¼ szklanki majonezu
- 1 łyżka soku z cytryny
- 1 łyżka posiekanego świeżego szczypiorku
- Sól i pieprz do smaku

DO MONTAŻU I DEKORACJI:
- Mieszane sałaty zielone
- cząstki cytryny
- Świeży szczypiorek lub natka pietruszki (do dekoracji)

INSTRUKCJE:

a) W blenderze lub robocie kuchennym połącz ziarna kukurydzy, mąkę, mleko, jajka, roztopione masło i sól. Mieszaj, aż uzyskasz gładkie ciasto. Ciasto odstawiamy na około 10 minut.

b) Rozgrzej patelnię z powłoką nieprzywierającą lub patelnię do naleśników na średnim ogniu. Lekko nasmaruj patelnię sprayem kuchennym lub masłem.

c) Wlej około ¼ szklanki ciasta na naleśniki kukurydziane na patelnię i obracaj nim, aby równomiernie pokryć dno. Gotuj przez 1-2 minuty, aż krawędzie zaczną się unosić, a spód będzie lekko złocisty. Obróć naleśnik i smaż przez kolejne 1-2 minuty.

d) Zdejmij naleśnik z patelni i odłóż go na bok. Powtórzyć proces z pozostałym ciastem, tworząc dodatkowe naleśniki.

e) W misce wymieszaj ugotowane mięso homara, majonez, sok z cytryny, posiekany szczypiorek, sól i pieprz. Dobrze wymieszaj, aż mięso homara pokryje się sosem.

f) Aby złożyć stos, połóż jeden naleśnik kukurydziany na talerzu do serwowania. Rozłóż równomiernie warstwę nadzienia z homara na naleśniku.

g) Na wierzch ułóż kolejny naleśnik i powtarzaj proces, aż wykorzystasz wszystkie naleśniki i nadzienie z homara. Zakończ naleśnikiem na wierzchu.

h) Udekoruj stos mieszanymi sałatami, kawałkami cytryny i świeżym szczypiorkiem lub natką pietruszki.

i) Pokrój stos homara w kliny i podawaj jako danie główne lub elegancką przystawkę.

7.Gofry z homarem

SKŁADNIKI:
DLA HARMA:
- 2 ogony homara
- 2 łyżki masła
- Sól i pieprz do smaku

NA GOFRY:
- 2 filiżanki mąki uniwersalnej
- 2 łyżeczki proszku do pieczenia
- ½ łyżeczki soli
- 2 łyżki granulowanego cukru
- 2 duże jajka
- 1 ½ szklanki mleka
- ⅓ szklanki oleju roślinnego
- Spray do gotowania lub dodatkowe masło do natłuszczenia gofrownicy

DO SERWOWANIA:
- syrop klonowy
- Świeży szczypiorek lub natka pietruszki, posiekana (opcjonalnie)

INSTRUKCJE:
a) Rozgrzej piekarnik do 190°C (375°F). Połóż ogony homara na blasze do pieczenia i posmaruj je roztopionym masłem. Doprawić solą i pieprzem.
b) Piec ogony homara przez około 12-15 minut lub do momentu, aż mięso będzie nieprzezroczyste i ugotowane. Wyjmij je z piekarnika i pozostaw do ostygnięcia na kilka minut.
c) Gdy ogony homara ostygną na tyle, że można je nieść, usuń mięso z muszli i pokrój je na kawałki wielkości kęsa. Odłożyć na bok.
d) W dużej misce wymieszaj mąkę, proszek do pieczenia, sól i cukier.
e) W osobnej misce ubij jajka. Dodaj mleko i olej roślinny i mieszaj, aż dobrze się połączą.
f) Do miski z suchymi składnikami wlać mokre składniki. Mieszaj, aż się połączą. Uważaj, aby nie przemieszać; kilka grudek jest w porządku.
g) Rozgrzej gofrownicę zgodnie z instrukcją. Lekko nasmaruj żelazko sprayem kuchennym lub masłem.
h) Wlać ciasto na gofrownicę na rozgrzane żelazko, używając ilości zalecanej dla konkretnej gofrownicy. Zamknij pokrywkę i smaż gofry, aż staną się złotobrązowe i chrupiące.
i) Zdejmij ugotowane gofry z żelazka i utrzymuj je w cieple w niskim piekarniku, podczas gdy pozostałe gofry będą smażone.
j) Aby złożyć gofry, połóż gofr na talerzu i posyp go dużą porcją posiekanego mięsa homara. Skropić syropem klonowym i według uznania posypać świeżym szczypiorkiem lub natką pietruszki.
k) Podawaj gofry z homarem natychmiast, gdy są ciepłe i ciesz się połączeniem pikantnego homara i chrupiących gofrów.

8.Homar jajka nadziewane sałatką

SKŁADNIKI:
- 6 jajek na twardo
- ½ funta gotowanego mięsa homara, posiekanego
- ¼ szklanki majonezu
- 1 łyżka soku z cytryny
- 1 łyżka posiekanego świeżego szczypiorku
- ¼ łyżeczki musztardy Dijon
- Sól i pieprz do smaku
- Papryka (do dekoracji)
- Świeży szczypiorek (do dekoracji)

INSTRUKCJE:
a) Jajka ugotowane na twardo przekrój wzdłuż na pół. Ostrożnie wyjmij żółtka i umieść je w misce.
b) Żółtka rozgnieć widelcem, aż zrobią się kruche. Do miski dodaj pokrojone mięso homara, majonez, sok z cytryny, posiekany szczypiorek, musztardę Dijon, sól i pieprz. Dobrze wymieszaj, aż wszystkie składniki się połączą, a mieszanina stanie się kremowa.
c) Włóż mieszaninę sałatki z homara do wydrążonych połówek białek, równomiernie je rozdzielając.
d) Posyp odrobiną papryki każde nadziewane jajko, aby nadać mu kolor i dodać smaku.
e) Udekoruj każde nadziewane jajko małą gałązką świeżego szczypiorku.
f) Jajka nadziewane sałatką z homara przechowuj w lodówce przez co najmniej 30 minut, aby smaki się połączyły.
g) Podawaj schłodzone faszerowane jajka jako przystawkę lub przekąskę. Można je ułożyć na półmisku lub na pojedynczych talerzach.

9.Ravioli z homarem i krabem

SKŁADNIKI:
NA CIASTO MAKARONOWE:
- 2 filiżanki mąki uniwersalnej
- 3 duże jajka
- ½ łyżeczki soli

DO WYPEŁNIENIA:
- ½ funta gotowanego mięsa homara, posiekanego
- ½ funta gotowanego mięsa kraba, posiekanego
- ½ szklanki sera ricotta
- ¼ szklanki startego parmezanu
- ¼ szklanki posiekanej świeżej pietruszki
- 2 łyżki posiekanej szalotki
- 2 ząbki czosnku, posiekane
- 1 łyżka soku z cytryny
- ½ łyżeczki soli
- ¼ łyżeczki czarnego pieprzu

NA SOS:
- 4 łyżki niesolonego masła
- 2 ząbki czosnku, posiekane
- 1 łyżka posiekanej świeżej natki pietruszki
- 1 łyżka soku z cytryny
- Sól i pieprz do smaku

INSTRUKCJE:
a) Przygotuj ciasto na makaron, tworząc wgłębienie pośrodku mąki na czystej powierzchni roboczej. Wbij jajka do zagłębienia i dodaj sól. Za pomocą widelca ubić jajka i powoli dodawać mąkę, aż powstanie ciasto. Ciasto wyrabiamy około 5 minut, aż będzie gładkie i elastyczne. Zawiń go w plastikową folię i odstaw na 30 minut.

b) W misce wymieszaj posiekane mięso homara, mięso kraba, ser ricotta, parmezan, posiekaną natkę pietruszki, szalotkę, mielony czosnek, sok z cytryny, sól i czarny pieprz. Dobrze wymieszaj, aż wszystkie składniki zostaną równomiernie połączone. Odłożyć na bok.

c) Ciasto na makaron podzielić na cztery części. Weź jedną porcję, a resztę przykryj, aby zapobiec wyschnięciu. Rozwałkuj ciasto za pomocą maszyny do makaronu lub wałka do ciasta, aż będzie cienkie i gładkie. Ciasto pokroić na prostokątne arkusze o wymiarach około 3 x 5 cali.

d) Na środek każdego arkusza makaronu nałóż łyżkę nadzienia z homara i kraba. Brzegi arkusza posmaruj wodą, a następnie złóż nadzienie tak, aby powstał prostokąt. Mocno dociśnij krawędzie, aby ravioli były szczelne.

e) Zagotuj w dużym garnku osoloną wodę. Ostrożnie wrzucaj ravioli na wrzącą wodę i gotuj przez około 3-4 minuty lub do momentu, aż wypłyną na powierzchnię. Usmażone ravioli wyjmujemy łyżką cedzakową i przekładamy na talerz.

f) Na dużej patelni rozpuść masło na średnim ogniu. Dodaj posiekany czosnek i gotuj, aż zacznie pachnieć, około 1 minuty. Wymieszać z posiekaną natką pietruszki i sokiem z cytryny. Dopraw solą i pieprzem do smaku.

g) Usmażone ravioli włóż na patelnię z sosem i delikatnie wymieszaj, aby równomiernie się nimi pokryły. Gotuj jeszcze przez minutę, aby smaki się połączyły.

h) Podawaj ravioli z homarem i krabem na gorąco, udekorowane dodatkowym parmezanem i świeżą pietruszką, jeśli chcesz.

10.Płacuszki z homara

SKŁADNIKI:
- 1 szklanka posiekanego homara
- 2 jajka
- ½ szklanki mleka
- 1 ¼ szklanki mąki
- 2 łyżeczki proszku do pieczenia
- Sól i pieprz do smaku

INSTRUKCJE:

a) Rozgrzej głęboki tłuszcz, aż kostka chleba zrumieni się w ciągu sześćdziesięciu sekund. Gdy tłuszcz się nagrzewa, ubijaj jajka na jasną masę.

b) Dodajemy mleko i mąkę przesianą z proszkiem do pieczenia, solą i pieprzem, a następnie dodajemy posiekanego homara.

c) Wrzucać małą łyżką na tłuszcz i smażyć na złoty kolor. Odsączyć na brązowym papierze w rozgrzanym piekarniku.

d) Podawać z szybkim sosem cytrynowym.

11.Dip fondue z homara

SKŁADNIKI:
- 2 łyżki masła lub margaryny
- 2 szklanki startego sera Cheddar
- ¼ łyżeczki sosu z czerwonej papryki
- ⅓ szklanki wytrawnego białego wina
- 5 uncji homara pokrojonego na małe kawałki

INSTRUKCJE:

a) Rozpuść masło na patelni na małym ogniu. Stopniowo dodawaj i mieszaj ser, aż ser się rozpuści.

b) Dodaj sos z czerwonej papryki; powoli dodawaj wino, mieszając, aż mieszanina będzie gładka. Dodaj homara; mieszać aż do podgrzania.

12. Nachos z homarem

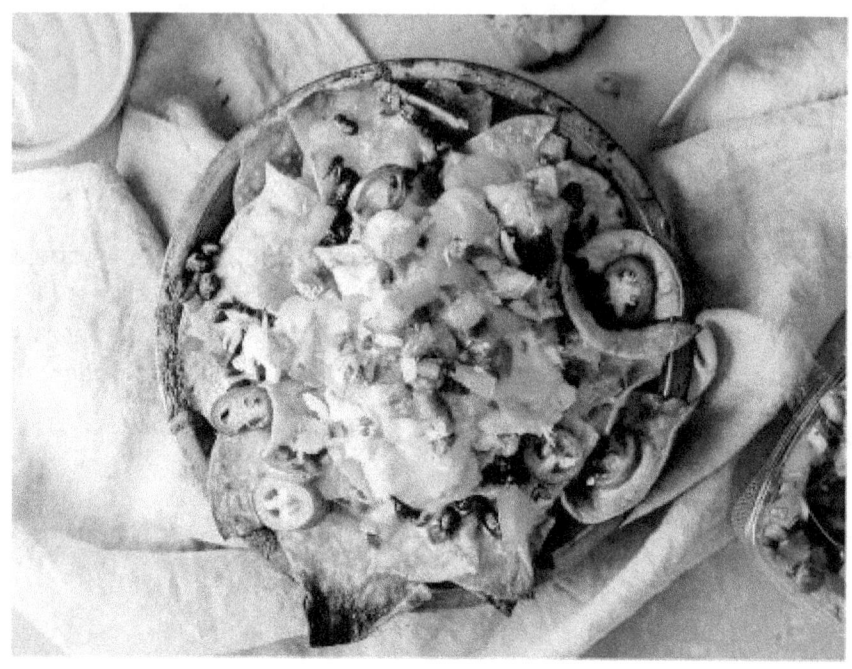

SKŁADNIKI:
- 1-funtowe gotowane mięso homara, posiekane
- 1 łyżka masła
- 1 łyżka mąki
- 1 szklanka mleka
- Sól i pieprz
- Chipsy tortilla
- 1 szklanka startego sera Monterey Jack
- Posiekana świeża pietruszka

INSTRUKCJE

a) Rozgrzej piekarnik do 350°F.
b) W rondlu ustawionym na średnim ogniu rozpuść masło i wymieszaj z mąką. Gotuj przez 1-2 minuty.
c) Stopniowo dodawaj mleko, aż masa będzie gładka. Doprawić solą i pieprzem.
d) Ułóż chipsy tortilla na blasze do pieczenia i posyp posiekanym mięsem homara i tartym serem.
e) Polej sosem nachosy i piecz w piekarniku przez 8-10 minut lub do momentu, aż ser się roztopi i zacznie bulgotać.
f) Udekoruj posiekaną natką pietruszki.

13.Surfuj i graj na kiju

SKŁADNIKI:
- 1 funt homara (wstępnie ugotowanego i gotowanego na parze)
- 1 funt polędwicy stekowej (surowej)
- czerwona papryka (surowa)
- kij do ogniska

INSTRUKCJE:
a) Po prostu upiecz nad ogniem jak piankę marshmallow i ciesz się najświeższymi, najbardziej soczystymi surfami i darniami w historii!

14. Homar Ceviche

SKŁADNIKI:

- 2 ogony homara
- 6 pomidorów rzymskich
- ½ pokrojonej w kostkę fioletowej cebuli
- 1 jalapeno pokrojone w kostkę
- 1 posiekany ogórek
- 1 pęczek posiekanej kolendry
- Wyciśnięty sok z 3 limonek
- 1 łyżeczka soli
- 1 łyżeczka soli czosnkowej
- 1 łyżeczka ostrej przyprawy tajin
- ½ bulionu z homara

INSTRUKCJE:

a) Zacznij od ugotowania ogonów homara we wrzącej wodzie przez około 6 minut.
b) Natychmiast zanurzyć się w łaźni lodowej. Po ostygnięciu drobno je posiekaj. Zachowaj ½ szklanki bulionu i włóż go do zamrażarki, aby się schłodził.
c) Zacznij kroić wszystkie składniki w kostkę i dodaj do posiekanego homara.
d) Wyciśnij wszystkie limonki na ceviche,
e) Dodaj przyprawy i bulion z homara.
f) Sprawdź przyprawy i dostosuj do swoich upodobań.
g) Podawać na skorupkach tostady, z frytkami lub krakersami.
h) Można posypać świeżym awokado.

15. Kiełbasa z homara

SKŁADNIKI:
- 4-stopowe osłonki dla małych wieprzowych
- 1 ½ funta filetu z siei, pokrojonego w kostkę
- ½ łyżeczki zmielonych nasion gorczycy
- ½ łyżeczki mielonej kolendry
- 1 łyżeczka papryki
- 1 łyżeczka soku z cytryny
- ½ łyżeczki pieprzu białego
- 1 jajko, ubite
- ½ funta Grubo posiekanego mięsa homara

INSTRUKCJE:
a) Przygotuj osłonki. Pulsuj rybę w robocie kuchennym, aż zostanie złamana, 3-4 razy. Dodać musztardę, kolendrę, paprykę, sok z cytryny, pieprz i jajko.
b) Przetwarzaj aż do wymieszania. Włóż mieszaninę do miski miksującej i dodaj mięso homara; dobrze wymieszać.
c) Wypełnij osłonki i przekręć je w ogniwa o długości 3-4 cali.

16. Ogon homara z grillowanymi owocami tropikalnymi

SKŁADNIKI:
- 4 bambusowe lub metalowe szpikulce
- ¾ złotego ananasa, obranego, wydrążonego i pokrojonego w 1-calowe kliny
- 2 banany, obrane i pokrojone w poprzek na osiem 1-calowych kawałków
- 1 mango, obrane, pozbawione pestek i pokrojone w 1-calową kostkę
- 4 homara skalnego lub duże ogony homara z Maine
- ¾ szklanki słodkiej glazury sojowej
- szklanka roztopionego masła
- 4 kawałki limonki

INSTRUKCJE:
a) Jeśli grillujesz bambusowymi szaszłykami, namocz je w wodzie na co najmniej 30 minut. Rozpal grill, aby uzyskać bezpośrednie, umiarkowane ciepło, około 350¼F.

b) naprzemiennie nabijaj kawałki ananasa, banana i mango, używając około 2 kawałków każdego owocu na szpikulec.

c) Pokrój ogony homara, dzieląc każdy ogon wzdłuż na zaokrągloną górną skorupę i mięso, pozostawiając płaską dolną skorupę nienaruszoną. Jeśli skorupa jest bardzo twarda, użyj nożyc kuchennych, aby przeciąć zaokrągloną skorupę i nożem, aby przeciąć mięso.

d) Delikatnie otwórz ogon, aby odsłonić mięso.

e) Delikatnie posmaruj glazurą sojową szaszłyki owocowe i mięso homara. Posmaruj ruszt grillowy i posmaruj go olejem. Połóż ogony homara, stroną z mięsem w dół, bezpośrednio nad ogniem i grilluj, aż będą ładnie zaznaczone grillem, przez 3 do 4 minut. Przyciśnij ogony do rusztu grilla za pomocą szpatułki lub szczypiec, aby ułatwić przysmażanie mięsa. Odwróć i grilluj, aż mięso będzie jędrne i białe, polewając glazurą sojową, jeszcze 5 do 7 minut.

f) W międzyczasie grilluj szaszłyki owocowe obok homara, aż będą ładnie zaznaczone grillem, około 3 do 4 minut z każdej strony.

g) Podawać z roztopionym masłem i cząstkami limonki do wyciśnięcia.

17. Ciasto z homarem

SKŁADNIKI:
- 6 łyżek masła
- 1 szklanka posiekanej cebuli
- ½ szklanki posiekanego selera
- Sól; do smaku
- Świeżo zmielony biały pieprz; do smaku
- 6 łyżek mąki
- 3 szklanki bulionu z owoców morza lub kurczaka
- 1 szklanka mleka
- 2 szklanki pokrojonych w kostkę ziemniaków; blanszowane
- 1 szklanka pokrojonej w kostkę marchewki; blanszowane
- 1 szklanka groszku słodkiego
- 1 szklanka szynki pieczonej pokrojonej w kostkę
- 1 funt mięsa homara; gotowane, pokrojone w kostkę
- ½ szklanki wody
- ½ Ciasto z przepisu, rozwałkowane na wielkość formy

INSTRUKCJE:

a) Rozgrzej piekarnik do 375 stopni. Nasmaruj tłuszczem prostokątne szklane naczynie do pieczenia. Na dużej patelni rozpuść masło. Dodać cebulę i seler i smażyć przez 2 minuty. Doprawić solą i pieprzem.

b) Dodaj mąkę i gotuj przez około 3 do 4 minut, aby uzyskać blond zasmażkę. Wlać bulion i doprowadzić płyn do wrzenia.

c) Zmniejsz ogień i kontynuuj gotowanie przez 8 do 10 minut lub do momentu, aż sos zacznie gęstnieć.

d) Dodaj mleko i kontynuuj gotowanie przez 4 minuty. Doprawić solą i pieprzem. Zdjąć z ognia. Wymieszaj ziemniaki, marchewkę, groszek, szynkę i homara.

e) Doprawić solą i pieprzem. Dokładnie wymieszaj nadzienie. Jeśli nadzienie jest zbyt gęste, należy dodać odrobinę wody, aby rozrzedzić nadzienie. Nadzienie wlać do przygotowanej formy. Połóż skorupę na wierzchu nadzienia.

f) Ostrożnie wsuń nachodzący na siebie spód na patelnię, tworząc gruby brzeg. Zaciśnij brzegi formy i połóż na blasze do pieczenia. Za pomocą ostrego noża wykonaj kilka nacięć w górnej części ciasta.

g) Włóż naczynie do piekarnika i piecz przez około 25 do 30 minut lub do momentu, aż skórka będzie złotobrązowa i chrupiąca.

h) Wyjąć z piekarnika i ostudzić przez 5 minut przed podaniem.

18.Rolada z homara

SKŁADNIKI:
- 4 uncje gotowanego i pokrojonego w kostkę mięsa homara
- 1 bułka pełnoziarnista bułka do hot dogów
- ¼ szklanki pokrojonego w kostkę selera
- ¼ szklanki pokrojonej w kostkę czerwonej cebuli
- 1 łyżka majonezu
- 1 łyżka soku z cytryny
- świeżo mielony czarny pieprz i sól

INSTRUKCJE:
a) W misce wymieszaj ugotowane i pokrojone w kostkę mięso homara, pokrojony w kostkę seler i pokrojoną w kostkę czerwoną cebulę. Dobrze wymieszaj, aby równomiernie rozprowadzić składniki.
b) W osobnej małej misce wymieszaj majonez, sok z cytryny, świeżo mielony czarny pieprz i sól. To będzie dressing do bułki z homarem.
c) Polej sosem mieszaninę homarów i delikatnie wymieszaj, aż wszystkie składniki pokryją się sosem. Dopraw przyprawy według własnych upodobań smakowych.
d) Rozgrzej patelnię lub patelnię na średnim ogniu. Lekko posmaruj zewnętrzną część pełnoziarnistej bułki do hot dogów masłem.
e) Posmarowaną masłem bułkę włóż na patelnię i podsmaż ją, aż stanie się złocistobrązowa i lekko chrupiąca na zewnątrz. Dzięki temu bułka z homarem będzie miała pyszną konsystencję.
f) Po upieczeniu bułka zdejmij ją z patelni i otwórz jak bułkę do hot dogów, tworząc kieszeń na nadzienie z homara.
g) Włóż przygotowaną mieszaninę homara do bułki, obficie ją napełniając. Można dodać także liść sałaty lub inne dodatki, na przykład pokrojone w plasterki pomidory lub awokado.
h) Podawaj natychmiast bułkę z homarem i delektuj się tym pysznym przysmakiem z owoców morza.

19. Grillowany ser z kraba i homara

SKŁADNIKI:
- ½ szklanki gotowanego mięsa homara
- ½ szklanki gotowanego mięsa kraba
- 2 łyżki solonego masła, roztopionego
- 1 łyżeczka przyprawy Old Bay
- ½ łyżeczki mielonego czosnku
- 4 kromki tostowego chleba czosnkowego z Teksasu
- 4 grube plastry ostrego sera cheddar
- 4 grube plastry sera Havarti

INSTRUKCJE:
a) W dużej misce wymieszaj homara, kraba, roztopione masło, przyprawę Old Bay i czosnek. Dobrze wymieszaj, a następnie odłóż miskę na bok.

b) Połóż dwie kromki tostów teksańskich na talerzu i połóż na nich plasterek sera cheddar i Havarti. Podziel mieszaninę owoców morza na pół i dodaj połowę do każdej kromki tostów. Posyp owoce morza pozostałym serem i kromkami chleba.

c) Użyj prasy do kanapek lub gorącej patelni, aby grillować każdą stronę kanapki, aż będzie złotobrązowa, a ser się roztopi. Podawaj i ciesz się!

20. Homar Newburg

SKŁADNIKI:

- 1 funt mięsa homara, ugotowanego i posiekanego
- 4 łyżki niesolonego masła
- 4 łyżki mąki uniwersalnej
- 1 szklanka mleka
- ½ szklanki gęstej śmietanki
- ¼ szklanki wytrawnego sherry
- ½ łyżeczki soli
- ¼ łyżeczki pieprzu cayenne
- 4 żółtka, ubite
- ¼ szklanki posiekanej natki pietruszki

INSTRUKCJE:

a) Rozpuść masło w dużym rondlu na średnim ogniu.
b) Wsyp mąkę i smaż przez 1-2 minuty, ciągle mieszając.
c) Stopniowo dodawaj mleko i gęstą śmietanę, ciągle mieszając, aż masa będzie gładka.
d) Dodaj sherry, sól i pieprz cayenne i wymieszaj, aby połączyć.
e) Stopniowo dodawaj ubite żółtka, cały czas mieszając.
f) Gotuj mieszaninę na małym ogniu przez 3-4 minuty lub do momentu, aż zgęstnieje.
g) Wymieszaj posiekanego homara i pietruszkę.
h) Podawać gorące na tostach.

21.z kurkumą w sosie

SKŁADNIKI:
- 3 łyżki niesolonych orzechów nerkowca, namoczonych przez 10 minut
- 2 łyżki blanszowanych migdałów
- 1 łyżeczka pasty imbirowo-czosnkowej
- Zielone chilli Serrano, pozbawione pestek i posiekane
- 1 szklanka ubitego jogurtu
- 1 ½ funta gotowanego mięsa homara
- 2 łyżeczki białego sezamu
- 3 łyżki masła klarowanego
- ½ łyżeczki czerwonego chili w proszku
- 2 łyżki maku białego namoczonego w wodzie
- ¼ łyżeczki kurkumy w proszku
- 1 laska cynamonu
- 1 strąk czarnego kardamonu, posiniaczony
- Sól kuchenna do smaku
- 1 łyżeczka ciepłej mieszanki przypraw
- 1 liść laurowy
- goździki
- 1 zielony strąk kardamonu, posiniaczony

INSTRUKCJE:
a) Zmiksuj orzechy nerkowca, mak, migdały i nasiona sezamu w blenderze z taką ilością wody, aby uzyskać gęstą pastę. Odłóż na bok.
b) Na patelni rozgrzej masło.
c) Dodaj laskę cynamonu, czarny strąk kardamonu, liść laurowy, goździki i zielony strąk kardamonu.
d) Gdy przyprawy zaczną skwierczeć, dodaj pastę imbirowo-czosnkową, zielone chilli i pastę orzechową.
e) Dodaj 1 łyżkę wody, aby zaprzestać skwierczenia.
f) Dodaj czerwone chili w proszku, kurkumę, jogurt, homara, sól i mieszankę przypraw.
g) Dodaj homara i smaż, ciągle mieszając, aż homar będzie dokładnie rozgrzany.

22. homara z pieca opalanego drewnem

SKŁADNIKI:
- 2 ogony homara
- 3 łyżki masła, roztopionego
- 1 łyżeczka soli
- 1 łyżeczka czarnego pieprzu
- 1 łyżeczka czosnku w proszku
- 1 łyżeczka papryki
- 1 łyżeczka posiekanej świeżej pietruszki
- 1 łyżeczka soku z cytryny

INSTRUKCJE:

a) Za pomocą czystych nożyczek lub nożyc kuchennych przetnij wzdłuż środka muszli, w kierunku płetw ogona, pamiętając, aby ciąć w linii prostej. Nie przecinaj końca ogona.

b) Za pomocą łyżki oddziel mięso od obu stron muszli, a następnie unieś mięso do góry i wyjmij je z muszli.

c) Połóż mięso na szwie w miejscu styku obu muszli, a następnie dociśnij do siebie obie strony muszli.

d) Wykonaj małe nacięcie pośrodku mięsa homara, aby cienka warstwa mięsa schodziła z brzegów. W ten sposób ogon homara zyskuje swój charakterystyczny wygląd.

e) Połącz masło, sól, pieprz, czosnek w proszku, paprykę, sok z cytryny i pietruszkę w małej misce, a następnie równomiernie posmaruj mieszanką mięso homara.

a) Umieść ogony homara na żeliwnej patelni i piecz w piecu opalanym drewnem przez 12-15 minut lub do momentu, aż całkowicie się ugotują, ale nie będą gumowate.

23. Homar po kantońsku

SKŁADNIKI:
- 1 funt ogona homara
- 1 ząbek czosnku, posiekany
- 1 łyżeczka Fermentowanej czarnej soi, opłukanej i odsączonej
- 2 łyżki oleju
- ¼ funta mielonej wieprzowiny
- 1 ½ szklanki gorącej wody
- 1 ½ łyżki sosu sojowego
- 1 łyżeczka MSG (opcjonalnie)
- 2 łyżki skrobi kukurydzianej
- 2 łyżki wytrawnego sherry
- 1 jajko
- 2 łyżki wody

SŁUŻYĆ
- Gałązki kolendry
- Loki z zielonej cebuli
- Gorący gotowany ryż Konjac lub ryż kalafiorowy

INSTRUKCJE:

a) Aby uzyskać najlepsze rezultaty w przygotowaniu tego atrakcyjnego chińskiego dania, ugotuj kawałki homara tak szybko, jak to możliwe. Ubite jajko dodane do sosu sprawia, że jest on bogatszy i bardziej kremowy.

b) Ostrym nożem oddziel mięso homara od skorupy i pokrój je w medaliony. Posiekaj razem czosnek i czarną soję. W woku lub na patelni rozgrzej olej i dodaj mieszaninę czosnku. Gotuj i mieszaj przez kilka sekund. Dodać wieprzowinę i smażyć około 10 minut, mieszając, aby mięso się rozpuściło. Dodać

c) gorąca woda, sos sojowy i MSG. Dodaj medaliony z homara i smaż przez 2 minuty. Wymieszaj skrobię kukurydzianą i sherry i dodaj do sosu. Jajka roztrzepać z 3 łyżkami wody i wymieszać z sosem. Gotuj na małym ogniu przez 30 sekund, ciągle mieszając. Sos powinien być kremowy, ale nie ciężki. Na środek talerza nałóż łyżką sos. Medaliony w sosie ułożyć w ozdobny wzór. Garnirunek

d) z kolendrą i kłębkami zielonej cebuli. Na każdą porcję połóż kilka medalionów z homara na ryżu Konjac w misce.

e) Polać sosem łyżką homara.

24. Ogony homara z masłem cytrusowym

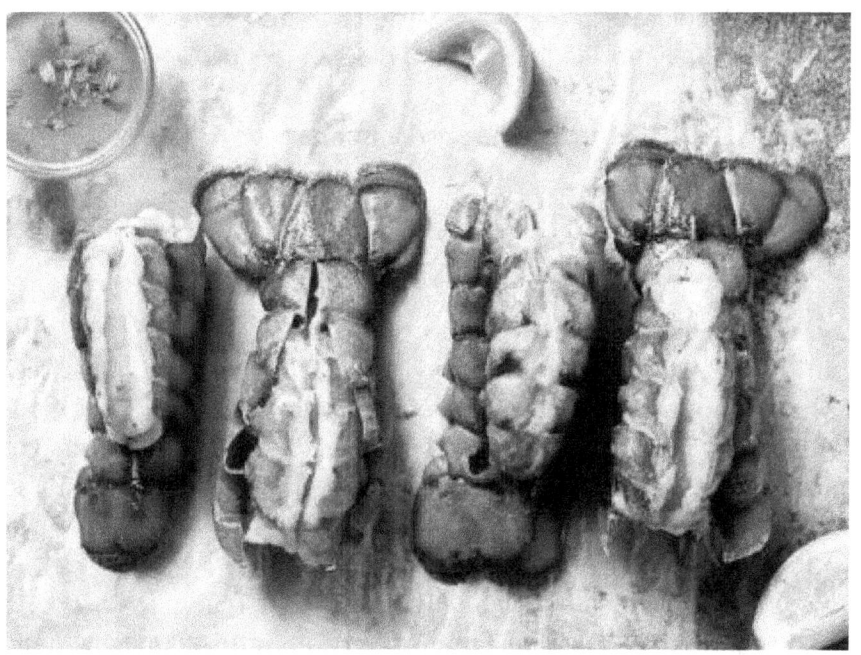

SKŁADNIKI:
- 16 uncji Ogony homara, rozmrożone
- ½ szklanki wody
- ¼ szklanki masła lub margaryny
- 1 łyżka soku z cytryny
- ½ łyżeczki Rozdrobniona skórka pomarańczowa
- ⅛ łyżeczki soli
- Posiekaj mielony imbir
- Posiekaj paprykę

INSTRUKCJE:

a) Rozłóż ogony w sposób motylkowy, tak aby mięso znalazło się na wierzchu. Wróć do płytkiego naczynia do pieczenia. Wlej wodę na wierzch. Mikrogotuj pod przykryciem na 50% mocy przez 6 do 8 minut lub tylko do momentu, aż mięso będzie nieprzezroczyste, obracając naczynie o ćwierć obrotu co minutę

b) Odstawić pod przykryciem na 5 minut

c) W międzyczasie wymieszaj masło lub margarynę, sok z cytryny, skórkę pomarańczową, sól, imbir i paprykę. Gotuj na małym ogniu, bez przykrycia, na 100% mocy przez 1,5 do 2 minut lub do rozpuszczenia masła

d) Dobrze wymieszaj. Skrop ogony homara mieszanką masła.

25. Herbata z czarnej liczi, wędzonego homara

SKŁADNIKI:

- 2 Homary z Maine
- 2 kubki biały ryż
- 2 kubki brązowy cukier
- 2 kubki Herbata z czarnej liczi
- 2 Obrane mango
- ½ szklanki Pałki Jicama
- ½ szklanki Szyfon miętowy
- ½ szklanki Szyfon bazyliowy
- 1 filiżanka Nitki fasoli mung, blanszowane
- Sos z kraba
- 8 Arkusze papieru ryżowego

INSTRUKCJE:

a) Rozgrzej głęboką patelnię hotelową, aż będzie bardzo gorąca.

b) Dodaj ryż, cukier i herbatę do głębokiej patelni i natychmiast umieść homara na płytkiej perforowanej patelni na wierzchu.

c) Szybko uszczelnij folią aluminiową. Kiedy wędzarz zacznie palić, wędź homara przez 10 minut na małym ogniu lub do momentu, aż będzie ugotowany. Ostudzić homara, następnie pokroić ogony w długie paski.

d) Połącz jicamę, miętę, bazylię i nitkę fasoli i wymieszaj z sosem rybnym.

e) Papier ryżowy namoczyć w ciepłej wodzie i na zmiękczonym papierze nałożyć część mieszanek. Włóż paski wędzonego homara i plasterki mango.

f) Zwiń i odstaw na 10 minut. Rolki pojedynczo owiń szczelnie folią plastikową, aby zapewnić zatrzymanie wilgoci.

26. Risotto z homarem i curry

SKŁADNIKI:
- 2 ogony homara
- 1 ½ szklanki ryżu Arborio
- 4 szklanki bulionu z owoców morza lub warzyw
- 1 średnia cebula, drobno posiekana
- 3 ząbki czosnku, posiekane
- 2 łyżki oliwy z oliwek
- 1 łyżka curry w proszku
- 1 szklanka wytrawnego białego wina
- 1 szklanka startego parmezanu
- 2 łyżki masła
- Sól i pieprz do smaku
- Świeża kolendra lub natka pietruszki, posiekana (do dekoracji)

INSTRUKCJE:

a) Gotuj ogony homara we wrzącej, osolonej wodzie, aż muszle staną się jaskrawoczerwone, a mięso będzie ugotowane. Usuń mięso homara z muszli i pokrój je na kawałki wielkości kęsa. Odłożyć na bok.

b) W dużym rondlu rozgrzej oliwę z oliwek na średnim ogniu. Dodaj posiekaną cebulę i posiekany czosnek i smaż, aż cebula stanie się przezroczysta i aromatyczna.

c) Dodaj curry i gotuj przez kolejną minutę, aby uwolnić smak.

d) Dodaj ryż Arborio do rondla i mieszaj, aby pokryć ziarna cebulą, czosnkiem i mieszanką curry.

e) Wlać białe wino i mieszać, aż zostanie wchłonięte przez ryż.

f) Rozpocznij dodawanie bulionu, chochla po chochli, ciągle mieszając i pozwalając, aby każdy dodatek został wchłonięty, zanim dodasz kolejny.

g) Kontynuuj ten proces, aż ryż będzie ugotowany al dente i uzyska kremową konsystencję (zwykle zajmuje to około 20-25 minut).

h) Wymieszać z tartym parmezanem i masłem, doprawić solą i pieprzem do smaku. Dobrze wymieszaj, aż ser i masło się rozpuszczą i połączą z risotto.

i) Delikatnie dodaj ugotowane mięso homara, upewniając się, że jest równomiernie rozłożone w risotto. Gotuj przez kolejne 2-3 minuty, aż homar się podgrzeje.

j) Zdejmij z ognia i odstaw risotto na kilka minut.

k) Podawaj risotto z homarem curry w miskach, udekorowane świeżą kolendrą lub pietruszką.

27. Makaron z serem i homarem

SKŁADNIKI:
- 1 łyżka oliwy z oliwek
- 3 ogony homara przecięte wzdłuż na pół i oczyszczone
- 3 łyżki masła
- 2 łyżki mąki
- 1 ½ szklanki pół na pół
- ½ szklanki mleka
- ¼ łyżeczki papryki
- ¼ łyżeczki chili w proszku
- Sól dla smaku
- ¼ łyżeczki sosu Worcestershire
- ½ szklanki startego sera Cheddar
- 3 łyżki stołowe, startego sera Gruyere
- 1 szklanka przygotowanego makaronu łokciowego
- ½ szklanki bułki tartej Panko
- ¼ szklanki roztopionego masła
- 5 łyżek startego parmezanu

INSTRUKCJE
a) Rozgrzej piekarnik do 400 stopni.
b) Posmaruj dwie zapiekanki sprayem zapobiegającym przywieraniu
c) Rozgrzej olej na patelni i smaż ogony homara przez 2 minuty na średnim ogniu.
d) Pozwól homarom ostygnąć i oddziel mięso od muszli.
e) Mięso pokroić i wyrzucić muszle.
f) Użyj tej samej patelni, aby roztopić masło.
g) Przygotuj zasmażkę, dodając mąkę i kontynuuj mieszanie przez 1 minutę.
h) Wlać pół na pół oraz mleko i kontynuować mieszanie przez 3 minuty.
i) Zagotuj płyn i dodaj paprykę, chili w proszku, sól i sos Worcestershire.
j) Gotuj na wolnym ogniu przez 4 minuty.
k) Dodać sery Cheddar i Gruyere i mieszać przez 5 minut, aż ser się rozpuści.
l) Do sosu serowego dodać makaron i delikatnie wymieszać z kawałkami homara.
m) Napełnij oba zapiekanki mieszanką makaronu i sera.
n) W misce wymieszaj Panko, roztopione masło i parmezan.
o) Skrop mieszaniną makaron i ser.
p) Piecz makaron z serem przez 15 minut.

28. Lasagne z homarem i krewetkami

SKŁADNIKI:
- 9 makaronów lasagne
- 1 funt gotowanego mięsa homara, posiekanego
- 1 funt gotowanych krewetek, obranych i oczyszczonych
- 2 łyżki masła
- ½ szklanki posiekanej cebuli
- 2 ząbki czosnku, posiekane
- ¼ szklanki mąki uniwersalnej
- 2 szklanki mleka
- 1 szklanka bulionu z owoców morza
- 1 szklanka startego sera mozzarella
- ½ szklanki startego parmezanu
- ¼ szklanki posiekanej świeżej pietruszki
- Sól i pieprz do smaku

INSTRUKCJE:
a) Rozgrzej piekarnik do 190°C i lekko natłuść naczynie do pieczenia o wymiarach 9 x 13 cali.
b) Makaron lasagne ugotuj zgodnie z instrukcją na opakowaniu. Odcedź i odłóż na bok.
c) Na dużej patelni rozpuść masło na średnim ogniu. Dodajemy posiekaną cebulę i przeciśnięty przez praskę czosnek, smażymy aż zmiękną.
d) Posyp mąką mieszaninę cebuli i czosnku i smaż przez 1-2 minuty, ciągle mieszając. Stopniowo dodawaj bulion z mlekiem i owocami morza. Kontynuuj gotowanie, aż sos zgęstnieje.
e) Mieszaj z pokrojonym serem mozzarella i startym parmezanem, aż się rozpuszczą i będą gładkie.
f) Do sosu dodaj posiekane mięso homara, ugotowane krewetki i posiekaną natkę pietruszki. Dopraw solą i pieprzem do smaku. Mieszaj do połączenia.
g) Na dnie naczynia do zapiekania rozsmaruj cienką warstwę sosu z owoców morza. Na wierzchu ułóż trzy makarony lasagne.
h) Na makaron nałóż warstwę mieszanki owoców morza. Powtórz warstwy z trzema makaronami lasagne i większą ilością mieszanki owoców morza.
i) Na wierzch połóż pozostałe trzy makarony lasagne i polej pozostałym sosem z owoców morza.
j) Na wierzch posyp dodatkowo startym parmezanem.
k) Przykryj naczynie do pieczenia folią i piecz przez 25 minut.
l) Zdejmij folię i piecz przez kolejne 10 minut, aż ser się roztopi i zarumieni.
m) Przed podaniem odczekaj kilka minut, aż ostygnie.

29. Zapiekanka z makaronem homarowym

SKŁADNIKI:

- 2 świeże homary
- 3 łyżki soli
- ½ łyżeczki soli
- 3 łyżki masła
- 1 szalotka
- 1 łyżka koncentratu pomidorowego
- 3 ząbki czosnku
- ¼ w. Brandy
- ½ w. ciężki krem
- łyżeczka świeżo zmielonego czarnego pieprzu
- ½ funta makaronu jajecznego
- 1 łyżka świeżego soku z cytryny
- 6 gałązek tymianku

INSTRUKCJE:

a) Ugotuj homary:

b) Napełnij dużą miskę do połowy lodem i wodą i odłóż na bok. Zagotuj w dużym garnku wodę z 3 łyżkami soli i zanurz homary w wodzie, głową do przodu, za pomocą szczypiec o długich trzonkach. Zmniejsz ogień do małego i gotuj pod przykryciem przez 4 minuty. Odcedź homary i umieść je w przygotowanej łaźni lodowej, aby ostygły. Rozbij muszelki i usuń mięso z ogona i pazurów. Zarezerwuj muszle. Mięso z ogona pokroić w medaliony o grubości ½ cala, a mięso z pazurów na duże kawałki i odłożyć na bok.

c) Upiecz zapiekanki:

d) Rozgrzej piekarnik do 350°F. Lekko posmaruj cztery naczynia do pieczenia o pojemności 1 filiżanki lub jedno okrągłe naczynie do pieczenia o średnicy 9 cali 1 łyżką masła i odłóż na bok. Rozpuść pozostałe masło na średniej patelni na średnim ogniu.

e) Dodać szalotkę i smażyć do miękkości. Dodaj zarezerwowane muszelki, koncentrat pomidorowy i czosnek i smaż, ciągle mieszając, przez 5 minut.

f) Odsuń patelnię od ognia i dodaj brandy. Wróć do ognia i zagotuj mieszaninę, ciągle mieszając. Zmniejsz ogień do średnio-niskiego, dodaj 1 ½ szklanki wody i gotuj na wolnym ogniu, aż lekko zgęstnieje – około 15 minut. Odcedź mieszaninę i dodaj śmietanę, pozostałą sól i pieprz.

g) Dodaj makaron jajeczny, mięso homara i sok z cytryny i wymieszaj. Rozłóż mieszaninę równomiernie pomiędzy przygotowane naczynia do pieczenia, przykryj folią i piecz, aż homar będzie ugotowany, a makaron będzie gorący – około 20 minut.

h) Udekoruj gałązkami tymianku i natychmiast podawaj.

30. Zapiekanka z makaronem i owocami morza

SKŁADNIKI:

- ¼ szklanki oliwy z oliwek
- 1 funt świeżych szparagów, przyciętych i pokrojonych na 1-calowe kawałki
- 1 szklanka posiekanej zielonej cebuli
- 1 łyżka mielony czosnek
- Opakowanie 16 uncji. Makaron linguine, ugotowany i odsączony
- 1 funt średnich krewetek, gotowanych, obranych i oczyszczonych
- 8 uncji mięsa krabowego, ugotowanego
- 8 uncji świeżego homara, ugotowanego
- Puszka czarnych oliwek o pojemności 8 uncji, odsączona

INSTRUKCJE:

a) Rozgrzej piekarnik do 350°. Spryskaj 4-litrowe naczynie żaroodporne nieprzywierającym sprayem do gotowania. Na patelni ustawionej na średnim ogniu dodaj oliwę z oliwek.

b) Gdy olej będzie gorący, dodaj szparagi, zieloną cebulę i czosnek. Smaż przez 5 minut.

c) Zdejmij patelnię z ognia i dodaj warzywa oraz oliwę z oliwek do naczynia żaroodpornego.

d) Do naczynia żaroodpornego dodaj makaron linguine, kraba, homara i czarne oliwki.

e) Mieszaj, aż się połączą. Piec 30 minut lub do momentu, aż zapiekanka będzie gorąca.

f) Wyjmij z piekarnika i podawaj.

31. Makaron muszkowy z homarem i karczochami

SKŁADNIKI:
- 8 uncji makaronu z muszką
- 2 ogony homara, ugotowane i usunięte z mięsa
- 1 szklanka serc karczochów, odsączonych i posiekanych
- 2 łyżki masła
- 2 ząbki czosnku, posiekane
- ½ szklanki bulionu z kurczaka lub warzyw
- ½ szklanki gęstej śmietanki
- ¼ szklanki startego parmezanu
- 1 łyżka świeżego soku z cytryny
- Sól i pieprz do smaku
- Świeża natka pietruszki, posiekana (do dekoracji)

INSTRUKCJE:
a) Makaron muszkowy ugotuj zgodnie z instrukcją na opakowaniu, aż będzie al dente. Odcedź i odłóż na bok.
b) Na dużej patelni rozpuść masło na średnim ogniu. Dodaj posiekany czosnek i smaż przez około minutę, aż zacznie pachnieć.
c) Dodaj serca karczochów na patelnię i smaż przez 2-3 minuty, od czasu do czasu mieszając.
d) Dodaj mięso homara na patelnię i smaż przez kolejne 2 minuty, delikatnie mieszając, aby połączyć się z karczochami.
e) Wlać bulion z kurczaka lub warzyw i doprowadzić do wrzenia. Gotujemy kilka minut, aż bulion lekko się zredukuje.
f) Zmniejsz ogień do małego i dodaj ciężką śmietanę, parmezan i sok z cytryny. Dopraw solą i pieprzem do smaku. Gotuj na wolnym ogniu przez 3-4 minuty, pozwalając, aby smaki się połączyły.
g) Dodaj ugotowany makaron z muszką na patelnię i wymieszaj wszystko, aż makaron będzie dobrze pokryty sosem.
h) Zdjąć z ognia i udekorować posiekaną natką pietruszki.
i) Podawaj makaron z muszką z homarem i karczochami natychmiast, gdy jest jeszcze gorący. Można podać z sałatką boczną lub chrupiącym pieczywem.

32. Ravioli ze skorupiakami w bulionie szafranowym

SKŁADNIKI:
- ¾ funta mięsa z homara
- 4 jajka
- ¼ szklanki gęstej śmietanki
- ½ szklanki miękkiej białej bułki tartej
- ½ łyżeczki soli
- ½ łyżeczki Świeżo zmielonego białego pieprzu
- 2 łyżki posiekanych świeżych liści estragonu
- 1 opakowanie owijek Wonton
- 4 szklanki bulionu rybnego
- ½ łyżeczki nitek szafranu
- 1 mały lub średni pomidor, pokrojony w kostkę
- Posiekane świeże zioła, takie jak estragon lub szczypiorek

INSTRUKCJE:
a) W robocie kuchennym umieść mięso homara i 3 jajka.
b) Pulsując metalowym ostrzem, aż owoce morza zostaną grubo posiekane. Zeskrob boki.
c) Dodaj śmietanę, bułkę tartą, sól, pieprz i puls, wymieszaj. Nie przesadzaj z kremem, bo stanie się ziarnisty, a nawet zamieni się w masło.
d) Wyjmij mieszaninę do miski i dodaj posiekane liście estragonu, mieszając je szpatułką.
e) Rozłóż 1 skórkę wontona na planszy. Za pomocą rękawa cukierniczego lub łyżeczki nałóż na środek około 1 łyżeczkę nadzienia. W małej misce wymieszaj pozostałe jajko z 3 łyżkami wody. Posmaruj drugą skórkę wonton mieszanką jajeczną i połóż ją na nadzieniu, lekko dociskając palcami, aby usunąć uwięzione powietrze i uszczelnić krawędzie skórek wonton.
f) Nieugotowane ravioli można przechowywać w zakrytym pojemniku do 2 dni w lodówce lub do kilku tygodni w zamrażarce. Aby zamrozić, ułóż ravioli w jednej warstwie na blasze wyłożonej woskowanym papierem i włóż do zamrażarki do zamrożenia. Następnie można je wyjąć i przechowywać w torbie cukierniczej.
g) W rondlu zagotuj bulion rybny, zmniejsz ogień i dodaj szafran. Kontynuuj gotowanie na wolnym ogniu przez 5 minut, zanim zaczniesz gotować ravioli.
h) Aby ugotować, włóż ravioli do wrzącej, osolonej wody i kontynuuj gotowanie, aż zaczną wypływać na powierzchnię (około 2 do 3 minut w przypadku świeżych ravioli, 5 do 6 minut w przypadku mrożonych).
i) Odcedzić i rozdzielić pomiędzy 4 miski. Do każdej miski dodaj ½ szklanki bulionu rybnego, następnie udekoruj odrobiną pokrojonego w kostkę pomidora i kilkoma posiekanymi świeżymi ziołami, takimi jak estragon lub szczypiorek.
j) Podawać na gorąco.

33.Gulasz z homara chińskiego

SKŁADNIKI:
- 2 żywe homary (około 1,5 funta każdy)
- 2 łyżki oleju roślinnego
- 2 ząbki czosnku, posiekane
- 1-calowy kawałek imbiru, obrany i starty
- 1 cebula, pokrojona w cienkie plasterki
- 1 czerwona papryka, pokrojona w cienkie plasterki
- 1 zielona papryka, pokrojona w cienkie plasterki
- 1 marchewka, pokrojona w cienkie plasterki
- 1 szklanka bulionu z kurczaka
- 2 łyżki sosu sojowego
- 1 łyżka sosu ostrygowego
- 1 łyżka skrobi kukurydzianej rozpuszczona w 2 łyżkach wody
- 1 łyżka oleju sezamowego
- Sól i pieprz do smaku
- Posiekana zielona cebula do dekoracji

INSTRUKCJE:

a) Przygotuj homary, wkładając je do zamrażarki na około 20-30 minut. Pomoże to je uspokoić przed gotowaniem.
b) Napełnij duży garnek wodą i zagotuj. Dodaj sól do wrzącej wody.
c) Ostrożnie włóż homary do wrzącej wody i gotuj przez około 8-10 minut lub do momentu, aż muszle staną się jaskrawoczerwone.
d) Wyjmij homary z garnka i pozwól im lekko ostygnąć. Po ostygnięciu wyjmij mięso z muszli i pokrój je na kawałki wielkości kęsa. Odłożyć na bok.
e) W dużym woku lub patelni rozgrzej olej roślinny na średnim ogniu.
f) Do gorącego oleju dodać posiekany czosnek i starty imbir i smażyć mieszając przez około 1 minutę, aż zaczną wydzielać zapach.
g) Do woka dodać pokrojoną cebulę, czerwoną i zieloną paprykę oraz marchewkę. Smażyć przez 2-3 minuty, aż warzywa lekko zmiękną.
h) W małej misce wymieszaj bulion z kurczaka, sos sojowy i sos ostrygowy. Wlać tę mieszaninę do woka z warzywami.
i) Doprowadź mieszaninę do wrzenia i gotuj przez około 5 minut, aby smaki się połączyły.
j) Dodaj rozpuszczoną skrobię kukurydzianą, aby zagęścić sos.
k) Dodaj ugotowane mięso homara do woka i delikatnie wymieszaj, aby połączyć.
l) Gotuj przez kolejne 2-3 minuty, aż homar się podgrzeje.
m) Gulasz skrop olejem sezamowym i dopraw solą i pieprzem do smaku.
n) Udekoruj posiekaną zieloną cebulą.
o) Podawaj gulasz z homara chińskiego na gorąco z ryżem lub makaronem gotowanym na parze.
p) Ciesz się pysznymi smakami tego aromatycznego i pocieszającego dania z homara inspirowanego kuchnią chińską.

34. Bisque z homara i pomidorów

SKŁADNIKI:
- 1 łyżka oliwy z oliwek
- 4–6 ząbków czosnku, drobno posiekanych
- 1 łodyga selera, drobno posiekana
- 1 mała słodka biała cebula, drobno posiekana
- 1 średni pomidor, pokrojony w kostkę
- Homar o wadze 1½–1¾ funta
- 2 szklanki pełnego mleka
- 1 szklanka sosu pomidorowego
- ½ szklanki gęstej śmietanki
- ½ szklanki wywaru rybnego
- 4 łyżki (½ kostki) niesolonego masła
- 2 łyżki drobno posiekanej świeżej natki pietruszki
- 1 łyżeczka świeżo zmielonego czarnego pieprzu

INSTRUKCJE:
a) Rozgrzej olej w dużym rondlu na średnim ogniu. Dodaj czosnek, seler i cebulę i smaż, mieszając, przez 8 do 10 minut. Dodaj pomidory.
b) Połóż homara na desce do krojenia na grzbiecie. Wykonaj nacięcie przez środek ogona, prawie do jego czubka, nie przecinając łuski; rozdzielić ogon.
c) Grilluj homara przez 15 do 18 minut, skorupą do dołu, przy zamkniętej pokrywie. Przenieś homara z grilla z powrotem na deskę do krojenia, usuń mięso i tomalley. Usuń skorupę i odłóż mięso.
d) W rondlu z warzywami zagotuj mleko, sos pomidorowy, śmietanę, bulion i masło. Zmniejsz ogień do niskiego. Dusić przez 10 minut, często mieszając.
e) Dodaj mięso homara, tomalley, pietruszkę i pieprz. Przykryj i gotuj na najmniejszym możliwym ogniu przez 4 do 5 minut.

35. Pieczarki i homar

SKŁADNIKI:
- 2 ogony homara, ugotowane i usunięte z mięsa
- 8 uncji pieczarek, pokrojonych w plasterki
- 2 łyżki masła
- 2 ząbki czosnku, posiekane
- ¼ szklanki wytrawnego białego wina
- ½ szklanki bulionu z kurczaka lub warzyw
- ½ szklanki gęstej śmietanki
- 1 łyżka świeżego soku z cytryny
- Sól i pieprz do smaku
- Świeża natka pietruszki, posiekana (do dekoracji)

INSTRUKCJE:
a) Na dużej patelni rozpuść masło na średnim ogniu. Dodaj posiekany czosnek i smaż przez około minutę, aż zacznie pachnieć.

b) Dodaj pokrojone pieczarki na patelnię i smaż przez 4-5 minut, od czasu do czasu mieszając, aż będą złotobrązowe i miękkie.

c) Wlać białe wino i zdeglasować patelnię, zeskrobując z dna przyrumienione kawałki. Gotuj wino przez minutę lub dwie, aby lekko zredukować.

d) Na patelnię wlej bulion z kurczaka lub warzyw i zagotuj. Gotuj przez 2-3 minuty, aby smaki się połączyły.

e) Zmniejsz ogień do małego i dodaj ciężką śmietanę i sok z cytryny. Dopraw solą i pieprzem do smaku. Gotuj na wolnym ogniu przez 3-4 minuty, aż sos lekko zgęstnieje.

f) Dodaj ugotowane mięso homara na patelnię i delikatnie wymieszaj, aby połączyć je z grzybami i sosem. Pozwól mu się ogrzać przez minutę lub dwie.

g) Zdjąć z ognia i udekorować posiekaną natką pietruszki.

h) Podawaj pieczarki i homara natychmiast, gdy są jeszcze gorące. To danie dobrze komponuje się z ryżem gotowanym na parze, chrupiącym pieczywem lub makaronem.

36.Sałatka z homara i mango

SKŁADNIKI:
- 2 ogony homara, ugotowane i usunięte z mięsa
- 1 dojrzałe mango, pokrojone w kostkę
- ¼ szklanki czerwonej papryki, pokrojonej w kostkę
- ¼ szklanki ogórka, pokrojonego w kostkę
- 2 łyżki posiekanej świeżej mięty
- Sok z 1 limonki
- 1 łyżka miodu
- Sól i pieprz do smaku
- Liście sałaty masłowej do podania

INSTRUKCJE:

a) Mięso homara pokroić na kawałki wielkości kęsa.

b) W misce wymieszaj pokrojone w kostkę mango, czerwoną paprykę, ogórek i posiekaną miętę.

c) Dodaj posiekane mięso homara do miski.

d) W osobnej małej misce wymieszaj sok z limonki, miód, sól i pieprz.

e) Polej sosem mieszaninę homarów i delikatnie wymieszaj, aby pokryć nią mieszaninę.

f) Podawaj sałatkę z homara i mango na liściach sałaty masłowej.

g) Ciesz się słodkimi i pikantnymi smakami tej sałatki z homara inspirowanej tropikami.

37. Sałatka Cezar z Homarem

SKŁADNIKI:
- 2 ogony homara, ugotowane i usunięte z mięsa
- 4 szklanki posiekanej sałaty rzymskiej
- ¼ szklanki startego parmezanu
- ¼ szklanki grzanek
- Sos Cezar do podania

INSTRUKCJE:
a) Mięso homara pokroić na kawałki wielkości kęsa.
b) W dużej misce wymieszaj posiekaną sałatę rzymską, starty parmezan i grzanki.
c) Dodaj posiekane mięso homara do miski.
d) Skropić sosem Cezar lub podawać dressingiem obok.
e) Składniki wymieszać tuż przed podaniem, aby smaki się połączyły.
f) Ciesz się połączeniem bogatego mięsa homara z klasycznymi smakami sałatki Cezar.

38. Szyfonowa homara

SKŁADNIKI:
- 2 ogony homara, ugotowane i usunięte z mięsa
- Świeże zioła do wyboru (np. bazylia, estragon lub szczypiorek)
- Kawałki cytryny (do podania)

INSTRUKCJE:
a) Weź ugotowane mięso homara i usuń wszelkie muszle i chrząstki. Upewnij się, że mięso homara jest ugotowane i schłodzone.
b) Weź mięso homara i ostrożnie pokrój je w cienkie paski. Aby to osiągnąć, możesz użyć ostrego noża lub nożyc kuchennych.
c) Wybierz ulubione świeże zioła, takie jak bazylia, estragon lub szczypiorek, które dobrze uzupełniają smak homara. Ułóż liście ziół jeden na drugim.
d) Zwiń ciasno ułożone zioła w kształt cygara.
e) Za pomocą ostrego noża pokrój zwinięte zioła w cienkie paski. W ten sposób powstanie szyfonada z ziół.
f) Połącz szyfon z homara i szyfon z ziół w misce, delikatnie je mieszając.
g) Podawaj szyfonada z homara i ziół jako dodatek lub dodatek do różnych potraw. Można go stosować do wzbogacania sałatek, dań makaronowych czy przetworów z owoców morza.
h) Przed podaniem szyfonada z homara wyciśnij świeży sok z cytryny, aby dodać blasku i uwydatnić smak.

39. Tabbouleh z homara z bazylią

SKŁADNIKI:
- 2 ogony homara
- 1 szklanka pszenicy bulgur
- 2 szklanki wrzącej wody
- 1 szklanka pomidorków koktajlowych, przekrojonych na połówki
- 1 ogórek, pokrojony w kostkę
- ½ czerwonej cebuli, drobno posiekanej
- ½ szklanki posiekanych świeżych liści bazylii
- ¼ szklanki posiekanej świeżej pietruszki
- ¼ szklanki posiekanych świeżych liści mięty
- Sok z 1 cytryny
- 3 łyżki oliwy z oliwek extra virgin
- Sól i pieprz do smaku

INSTRUKCJE:

a) Gotuj ogony homara we wrzącej, osolonej wodzie, aż muszle staną się jaskrawoczerwone, a mięso będzie ugotowane. Wyjmij mięso homara z muszli i pokrój je na kawałki wielkości kęsa. Odłożyć na bok.

b) Do dużej miski wsyp kaszę bulgur i zalej ją wrzącą wodą. Przykryj miskę czystym ręcznikiem kuchennym i pozwól kaszy bulgur namoczyć przez około 20 minut, aż stanie się miękka.

c) Odcedź nadmiar wody z kaszy bulgur i przełóż ją do miski.

d) Do miski z kaszą bulgur dodaj pomidorki koktajlowe, pokrojony w kostkę ogórek, drobno posiekaną czerwoną cebulę, posiekane liście bazylii, posiekaną natkę pietruszki i posiekane liście mięty.

e) W małej misce wymieszaj sok z cytryny, oliwę z oliwek z pierwszego tłoczenia, sól i pieprz. Polej sosem mieszankę tabbouleh i wymieszaj wszystko, aż składniki dobrze się połączą.

f) Delikatnie dodaj posiekane mięso homara, upewniając się, że jest równomiernie rozmieszczone w tabbouleh.

g) Odstaw tabbouleh na około 10-15 minut, aby smaki się połączyły.

h) Tuż przed podaniem ponownie wrzuć tabbouleh, aby wymieszać sos, który mógł osadzić się na dnie miski.

i) Udekoruj tabbouleh z homara dodatkowymi liśćmi świeżej bazylii.

j) Podawaj tabbouleh z homara jako orzeźwiające danie główne lub zachwycającą przystawkę. Świetnie komponuje się z grillowanymi owocami morza lub kurczakiem.

KREWETKA

40. Ukąszenia Bouillabaisse

SKŁADNIKI:

- 24 średnie Krewetki, obrane i Zaprojektowane
- 24 średnie przegrzebki morskie
- 2 szklanki sosu pomidorowego
- 1 puszka mielonych małży (6-½ uncji)
- 1 łyżka Pernodu
- 20 mililitrów
- 1 liść laurowy
- 1 łyżeczka bazylii
- ½ łyżeczki soli
- ½ łyżeczki świeżo zmielonego pieprzu
- Czosnek, mielony
- Szafran

INSTRUKCJE:

a) Nadziewaj krewetki i przegrzebki na 8-calowe bambusowe szaszłyki, używając 1 krewetki i 1 przegrzebka na szpikulec; owiń ogon krewetki wokół przegrzebka.

b) W rondlu wymieszaj sos pomidorowy, małże, Pernod, czosnek, liść laurowy, bazylię, sól, pieprz i szafran. Doprowadzić mieszaninę do wrzenia.

c) Ułóż szaszłyki rybne w płytkim naczyniu do zapiekania.

d) Skropić sosem szaszłyki. Piec bez przykrycia w temperaturze 350 stopni przez 25 minut.

41. Linguine i krewetki Scampi

SKŁADNIKI:
- 1 opakowanie makaronu linguine
- ¼ szklanki masła
- 1 posiekana czerwona papryka
- 5 posiekanych ząbków czosnku
- 45 surowych, dużych krewetek obranych i oczyszczonych ½ szklanki wytrawnego białego wina ¼ szklanki bulionu z kurczaka
- 2 łyżki soku z cytryny
- ¼ szklanki masła
- 1 łyżeczka zmielonych płatków czerwonej papryki
- ½ łyżeczki szafranu
- ¼ szklanki posiekanej natki pietruszki
- Sól dla smaku

INSTRUKCJE:
a) Ugotuj makaron zgodnie z instrukcją na opakowaniu, co powinno zająć około 10 minut.
b) Odcedź wodę i odłóż ją na bok.
c) Na dużej patelni rozpuść masło.
d) Smaż paprykę i czosnek na patelni przez 5 minut.
e) Dodaj krewetki i kontynuuj smażenie przez kolejne 5 minut.
f) Wyjmij krewetki na talerz, ale zostaw czosnek i pieprz na patelni.
g) Zagotuj białe wino, bulion i sok z cytryny.
h) Umieść krewetki z powrotem na patelni z kolejnymi 14 szklankami lepszego.
i) Dodać płatki czerwonej papryki, szafran i pietruszkę, doprawić do smaku solą.
j) Po wymieszaniu z makaronem dusić przez 5 minut.

42. Krewetki a la Plancha na tostach z szafranowymi allioli

SKŁADNIKI:
ALLIOLI
- 1 Duża szczypta szafranu
- 1 duże żółtko
- 1 ząbek czosnku, drobno posiekany
- 1 łyżeczka soli koszernej
- 1 szklanka oliwy z oliwek z pierwszego tłoczenia, najlepiej hiszpańskiej
- 2 łyżeczki soku z cytryny, plus więcej w razie potrzeby

KREWETKA
- Cztery kromki wiejskiego chleba o grubości ½ cala
- 2 łyżki dobrej jakości oliwy z oliwek z pierwszego tłoczenia, najlepiej hiszpańskiej
- 1½ funta jumbo
- Krewetki w skórce 20 sztuk
- Sól koszerna
- 2 cytryny przekrojone na pół
- 3 ząbki czosnku, drobno posiekane
- 1 łyżeczka świeżo zmielonego czarnego pieprzu
- 1 szklanka wytrawnego sherry
- 2 łyżki grubo posiekanej natki pietruszki płaskolistnej

INSTRUKCJE:
a) Zrób aioli: Na małej patelni ustawionej na średnim ogniu podsmaż szafran, aż stanie się kruchy, od 15 do 30 sekund.

b) Wyłóż go na mały talerz i rozgnieć go grzbietem łyżki. Do średniej miski dodaj szafran, żółtka, czosnek i sól i energicznie wymieszaj, aż składniki się dobrze połączą.

c) Rozpocznij dodawanie oliwy z oliwek po kilka kropli na raz, dokładnie mieszając pomiędzy dodaniami, aż aioli zacznie gęstnieć, następnie wlewaj pozostałą oliwę do mieszanki bardzo powolnym i stałym strumieniem, ubijając aioli, aż stanie się gęste i kremowe.

d) Dodaj sok z cytryny, posmakuj i w razie potrzeby dopraw większą ilością soku z cytryny i solą. Przełożyć do małej miski, przykryć folią i przechowywać w lodówce.

e) Przygotuj tosty: Ustaw ruszt piekarnika w najwyższej pozycji, a grill w pozycji wysokiej. Połóż kromki chleba na blasze do pieczenia z brzegiem i posmaruj obie strony chleba 1 łyżką oleju.
f) Opiekaj chleb na złoty kolor, około 45 sekund. Odwróć chleb i opiekaj drugą stronę (uważnie obserwuj brojlerów, ponieważ intensywność opiekania jest różna) przez 30 do 45 sekund dłużej. Wyjmij chleb z piekarnika i połóż każdą kromkę na talerzu.
g) W dużej misce umieść krewetki. Za pomocą noża do obierania wykonaj płytkie nacięcie na zakrzywionym grzbiecie krewetki, usuwając żyłę (jeśli jest) i pozostawiając skorupę nienaruszoną. Podgrzej dużą patelnię o grubym dnie na średnim ogniu, aż prawie zacznie dymić, od 1,5 do 2 minut.
h) Dodaj pozostałą 1 łyżkę oleju i krewetki. Posyp krewetki dużą szczyptą soli i sokiem z połowy cytryny i gotuj, aż krewetki zaczną się zwijać, a krawędzie skorupy zarumienią się przez 2 do 3 minut.
i) Za pomocą szczypiec obróć krewetki na drugą stronę, posyp solą i sokiem z drugiej połówki cytryny i gotuj, aż krewetki staną się jasnoróżowe, około 1 minuty dłużej. Zrób wgłębienie na środku patelni i dodaj czosnek i czarny pieprz; gdy czosnek zacznie pachnieć, po około 30 sekundach dodaj sherry, zagotuj i wmieszaj mieszankę czosnkowo-sherry do krewetek.
j) Gotuj, mieszając i zeskrobując brązowe kawałki z dna patelni do sosu. Wyłącz ogień i wyciśnij sok z drugiej połówki cytryny. Pozostałą połówkę cytryny pokroić w ósemki.
k) Posmaruj wierzch każdej kromki chleba hojną łyżką szafranowego aioli. Rozłóż krewetki na talerzach i polej każdą porcję odrobiną sosu. Posypać natką pietruszki i podawać z cząstkami cytryny.

43. Żabnica Bombajska

SKŁADNIKI:
- 1-funtowa żabnica, pozbawiona skóry
- Mleko do przykrycia
- ¼ funta krewetek w łupinach
- 2 jajka
- 3 łyżki koncentratu pomidorowego ½ łyżeczki curry
- 2 łyżeczki soku z cytryny
- ¼ łyżeczki posiekanego świeżego rozmarynu
- 1 szczypta szafranu lub kurkumy ¾ szklanki jasnej śmietanki
- Sól i pieprz do smaku

INSTRUKCJE:
a) Rozgrzej piekarnik do 350F. Umieść żabnicę na patelni wystarczająco dużej, aby ją pomieścić. Wlać mleko i postawić rondelek na umiarkowanym ogniu.
b) Doprowadź do wrzenia, przykryj i gotuj przez 8 minut. Obróć rybę i smaż jeszcze 7 minut lub do momentu, aż ryba będzie ugotowana.
c) Gdy żabnica będzie już prawie gotowa, dodaj krewetki i smaż przez 2–3 minuty lub do momentu, aż zmienią kolor na różowy.
d) Odcedź ryby i krewetki, wylewając mleko.
e) Żabnicę pokroić na kawałki wielkości kęsa. Jajka ubić z koncentratem pomidorowym, curry, sokiem z cytryny, rozmarynem, szafranem i ½ szklanki śmietanki.
f) Wymieszaj rybę i krewetki, dopraw do smaku solą i pieprzem.
g) Uformuj 4 osobne talerze z ramekinami i wylej równą ilość pozostałej śmietanki na wierzch każdego naczynia.
h) Piec przez 20 minut lub do momentu, aż ciasto się zetnie. Podawać na gorąco z odrobiną cytryny i chrupiącym pieczywem typu francuskiego.

44. Paella z kurczakiem, krewetkami i chorizo

SKŁADNIKI:
- ½ łyżeczki nitek szafranu, pokruszonych
- 2 łyżki oliwy z oliwek
- 1 funt udek z kurczaka bez skóry i kości, pokrojonych na 2-calowe kawałki
- 4 uncje gotowanej, wędzonej hiszpańskiej kiełbasy chorizo, pokrojonej w plasterki
- 1 średnia cebula, posiekana
- 4 ząbki czosnku, posiekane
- 1 szklanka grubo startych pomidorów
- 1 łyżka wędzonej słodkiej papryki
- 6 szklanek bulionu z kurczaka o obniżonej zawartości sodu
- 2 szklanki krótkoziarnistego hiszpańskiego ryżu, takiego jak bomba, Calasparra lub Valencia
- 12 dużych krewetek, obranych i oczyszczonych
- 8 uncji mrożonego groszku, rozmrożonego
- Posiekane zielone oliwki (opcjonalnie)
- Posiekana włoska pietruszka

INSTRUKCJE:

a) W małej misce połącz szafran i 1/4 szklanki gorącej wody; odstaw na 10 minut.

b) W międzyczasie na 15-calowej patelni do paelli rozgrzej olej na średnim ogniu. Dodaj kurczaka na patelnię. Gotuj, obracając od czasu do czasu, aż kurczak się zrumieni, około 5 minut. Dodaj chorizo. Gotuj jeszcze 1 minutę. Całość przełożyć na talerz. Dodaj cebulę i czosnek na patelnię. Gotuj i mieszaj 2 minuty. Dodać pomidory i paprykę. Gotuj i mieszaj jeszcze 5 minut lub do momentu, aż pomidory zgęstnieją i staną się prawie pastowate.

c) Włóż kurczaka i chorizo z powrotem na patelnię. Dodaj bulion z kurczaka, mieszankę szafranu i 1/2 łyżeczki soli; doprowadzić do wrzenia na dużym ogniu. Dodaj ryż na patelnię, zamieszaj raz, aby równomiernie się rozprowadzić. Gotuj bez mieszania, aż ryż wchłonie większość płynu, około 12 minut. (Jeśli twoja patelnia jest większa niż palnik, obracaj ją co kilka minut, aby ryż ugotował się równomiernie.) Zmniejsz ogień do małego. Gotuj, bez mieszania, jeszcze 5 do 10 minut, aż cały płyn zostanie wchłonięty, a ryż będzie al dente. Na wierzch połóż krewetki i groszek. Zmień temperaturę na wysoką. Gotuj bez mieszania jeszcze 1–2 minuty (krawędzie powinny wyglądać na suche, a na dnie powinna tworzyć się skórka). Usunąć. Przykryj patelnię folią. Przed podaniem odstaw na 10 minut. Jeśli chcesz, posyp oliwkami i natką pietruszki.

45. Minty Krewetkowe Ukąszenia

SKŁADNIKI:

- 2 łyżki oliwy z oliwek
- 10 uncji gotowanych krewetek
- 1 łyżka posiekanej mięty
- 2 łyżki erytrytolu
- ⅓ szklanki jeżyn, zmielonych
- 2 łyżeczki curry w proszku r
- 11 plasterków prosciutto
- ⅓ szklanki bulionu warzywnego

INSTRUKCJE:

a) Po owinięciu w plastry prosciutto każdą krewetkę skrop oliwą.

b) W garnku błyskawicznym połącz jeżyny, curry, miętę , bulion i erytrytol, zamieszaj i gotuj przez 2 minuty na małym ogniu.

c) Dodaj koszyk do gotowania na parze i zawinięte krewetki do garnka, przykryj i gotuj przez 2 minuty na wysokim poziomie.

d) Przed podaniem ułóż zawinięte krewetki na talerzu i polej sosem miętowym.

46. Kiwi i krewetki S

SKŁADNIKI:
- 3 Owoce kiwi
- 3 łyżki oliwy z oliwek
- 1 funt krewetek, obranych
- 3 łyżki mąki
- ¾ szklanki prosciutto pokrojonego w cienkie paski
- 3 szalotki, drobno posiekane
- ⅓ łyżeczki chili w proszku
- ¾ szklanki wytrawnego białego wina

INSTRUKCJE:
a) Obierz kiwi. Zarezerwuj 4 plasterki do dekoracji, a pozostałe owoce posiekaj. Na ciężkiej patelni lub woku rozgrzej olej. Wrzuć krewetki do mąki i smaż przez 30 sekund.
b) Dodaj prosciutto, szalotkę i chili w proszku. Smaż kolejne 30 sekund. Dodaj pokrojone kiwi i smaż 30 sekund. Dodać wino i zredukować o połowę.
c) Natychmiast podawaj.

47. Ziołowy ser kozi i krewetki prosciutto

SKŁADNIKI:
- 12 łyżek sera koziego
- 1 łyżeczka posiekanej świeżej pietruszki
- 1 łyżeczka posiekanego świeżego estragonu
- 1 łyżeczka posiekanej świeżej trybuli
- 1 łyżeczka posiekanego świeżego oregano
- 2 łyżeczki mielonego czosnku
- Sól i pieprz
- 12 dużych krewetek, obranych, z ogonem i
- Motyl
- 12 Cienkie plasterki prosciutto
- 2 łyżki oliwy z oliwek
- Posypka z białej trufli
- Olej

INSTRUKCJE:
a) W misce wymieszaj ser, zioła i czosnek. Doprawić mieszaninę solą i pieprzem. Dopraw krewetki solą i pieprzem.
b) Wciśnij jedną łyżkę nadzienia do wnętrza każdej krewetki.
c) Każdą krewetkę szczelnie owinąć kawałkiem prosciutto. Na patelni rozgrzej oliwę z oliwek. Gdy olej będzie gorący, dodaj nadziewane krewetki i smaż przez 2 do 3 minut z każdej strony lub do momentu, aż krewetki zmienią kolor na różowy, a ich ogony zwiną się w kierunku ciała. Zdjąć z patelni i przełożyć na duży talerz.
d) Krewetki skrop oliwą truflową.
e) Udekoruj pietruszką.

48. Gnocchetti z krewetkami i pesto

SKŁADNIKI:
- Ciasto z semoliny

PESTO PISTACJOWE
- 1 szklanka pistacji
- 1 pęczek mięty
- 1 ząbek czosnku
- ½ szklanki startego Pecorino Romano
- ½ szklanki oliwy z oliwek
- Sól koszerna
- Świeżo zmielony czarny pieprz
- 8 uncji fasoli fava
- Oliwa z oliwek
- 3 ząbki czosnku, posiekane
- 2-funtowe duże krewetki, oczyszczone
- Zmielona czerwona papryka do smaku
- Sól koszerna
- Świeżo zmielony czarny pieprz
- ¼ szklanki białego wina
- 1 cytryna, starta

INSTRUKCJE :
a) Oprósz dwie blachy mąką z kaszy manny.
b) Aby przygotować gnocchetti, odetnij mały kawałek ciasta i przykryj resztę ciasta folią. Dłońmi zwiń kawałek ciasta w wałek o grubości około ½ cala. Z liny odetnij półcalowe kawałki ciasta. Kciukiem delikatnie wciśnij kawałek ciasta na deskę do gnocchi, odsuwając go od ciała, tak aby powstało lekkie wgłębienie. Połóż gnocchetti na posypanej semoliną blasze i pozostaw je odkryte do momentu ugotowania.
c) Aby przygotować pesto pistacjowe, w robocie kuchennym dodaj pistacje, miętę, czosnek, Pecorino Romano, oliwę z oliwek, sól i świeżo zmielony czarny pieprz i zmiksuj na puree.
d) Przygotuj miskę z lodowatą wodą. Wyjmij fasolę fava ze strąka. Zblanszuj fasolę fava, gotując ją we wrzącej wodzie do miękkości, około 1 minuty. Wyjąć z wody i umieścić w łaźni lodowej.
e) Gdy ostygnie, wyjmij z wody i przełóż do miski. Usuń woskową zewnętrzną warstwę fasoli i wyrzuć ją.
f) Zagotuj w dużym garnku osoloną wodę. W międzyczasie na dużej patelni ustawionej na dużym ogniu dodaj odrobinę oliwy z oliwek, czosnek, krewetki, pokruszoną czerwoną paprykę, sól i świeżo zmielony czarny pieprz. Podczas gdy krewetki się gotują, wrzuć makaron do wrzącej wody i gotuj aż do al dente, około 3 do 4 minut. Dodaj makaron na patelnię z białym winem i gotuj, aż wino zredukuje się o połowę, czyli około minuty.
g) Przed podaniem rozłóż makaron pomiędzy miskami. Udekoruj skórką cytrynową i pesto pistacjowym.

49. Akadyjski popcorn

SKŁADNIKI:

- 2 funty małych krewetek
- 2 duże jajka
- 1 szklanka wytrawnego białego wina
- ½ szklanki polenty
- ½ szklanki mąki
- 1 łyżka świeżego szczypiorku
- 1 ząbek czosnku, posiekany
- ½ łyżeczki liści tymianku
- ½ łyżeczki trybuli
- ½ łyżeczki soli czosnkowej
- ½ łyżeczki czarnego pieprzu
- ½ łyżeczki pieprzu cayenne
- ½ łyżeczki papryki
- olej do głębokiego smażenia

INSTRUKCJE:

a) Raki lub krewetki opłucz w zimnej wodzie, dobrze odsącz i odłóż na bok, aż będą potrzebne. W małej misce ubij jajka i wino, a następnie wstaw do lodówki.

b) W drugiej małej misce wymieszaj polentę, mąkę, szczypiorek, czosnek, tymianek, trybulę, sól, pieprz, pieprz cayenne i paprykę. Stopniowo wsypuj suche składniki do masy jajecznej, dobrze wymieszaj. Powstałe ciasto przykryj i odstaw na 1–2 godziny w temperaturze pokojowej.

c) Rozgrzej olej w holenderskim piekarniku lub frytkownicy do temperatury 375°F na termometrze.

d) Zanurzaj suche owoce morza w cieście i smaż je w małych porcjach przez 2-3 minuty, obracając je na złoty kolor.

e) Krewetki wyjmij łyżką cedzakową i dokładnie odsącz na kilku warstwach ręczników papierowych. Podawaj na rozgrzanym talerzu z ulubionym dipem.

50. Szaszłyki z owoców morza w glazurze jabłkowej

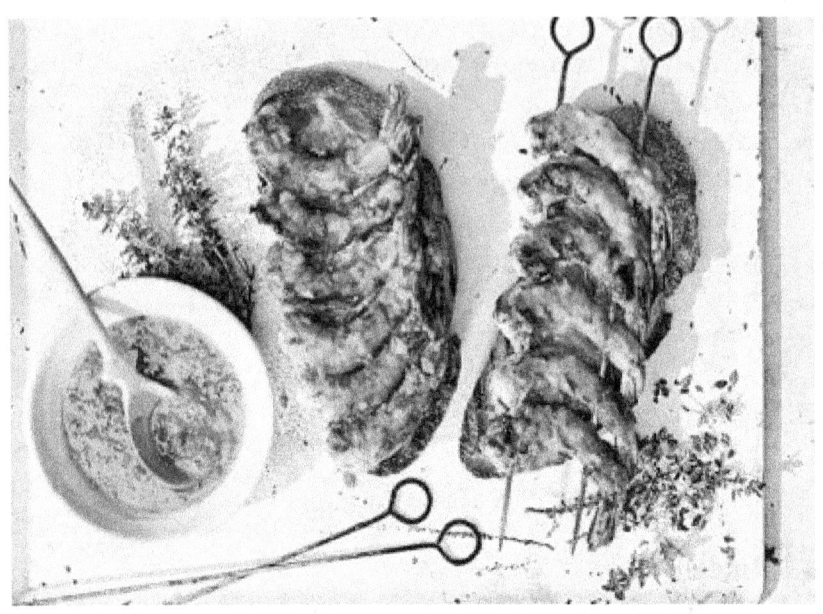

SKŁADNIKI:

- 1 puszka koncentratu soku jabłkowego
- 1 łyżka KAŻDEGO masła i musztardy Dijon
- 1 duża słodka czerwona papryka
- 6 segmentów Boczek
- 12 przegrzebków morskich
- 1 funt łuskanych, oczyszczonych krewetek (około 36)
- 2 łyżki pokrojone w kostkę świeża pietruszka

INSTRUKCJE:

a) W głębokim, ciężkim rondlu gotuj koncentrat soku jabłkowego na dużym ogniu przez 7 10 minut lub aż zredukuje się do około ¾ szklanki. Zdejmij z ognia, wymieszaj z masłem i musztardą, aż masa będzie gładka. Odłożyć na bok. Paprykę przekrój na pół. Usuń nasiona i łodygę, a paprykę pokrój na 24 kawałki. Kawałki boczku przekrój w poprzek na pół i zawiń każdą przegrzebkę w kawałek boczku.

b) paprykę, przegrzebki i krewetki. Ułóż szaszłyki na naoliwionym grillu. Grilluj na średnio dużym ogniu przez 2-3 minuty, polewając glazurą z soku jabłkowego i często obracając, aż przegrzebki staną się nieprzezroczyste, krewetki różowe, a pieprz miękki. Podawać posypane natką pietruszki.

51.Sałatki Szpinakowe Krewetki

SKŁADNIKI:
- 1 funt obranych i oczyszczonych, ugotowanych średnich krewetek
- 4 zielone cebule, pokrojone w cienkie plasterki
- 3/4 szklanki pikantnego sosu sałatkowego z bekonem i pomidorami
- 1 opakowanie (6 uncji) świeżego szpinaku baby
- 1 szklanka startej marchewki
- 2 duże jajka na twardo, pokrojone w plasterki
- 2 pomidory śliwkowe, pokrojone w ósemki

INSTRUKCJE:
a) Smażyć cebulę i krewetki z sosem sałatkowym na dużej patelni na średnim ogniu, aby je podgrzać, lub przez 5 do 6 minut.
b) Nałóż równe ilości szpinaku na 4 porcje. Na wierzchu ułóż pomidory, jajka, marchewkę i mieszankę krewetek. Podawaj od razu.

52. Suflet krewetkowy

SKŁADNIKI:

- ½ funta Gotowane krewetki
- 3 plasterki Świeży korzeń imbiru
- 1 łyżka stołowa Sherry
- 1 łyżeczka Sos sojowy
- 6 Białka
- ½ łyżeczki Sól
- 4 łyżki Olej
- 1 kreska Pieprz

INSTRUKCJE:

a) Ugotowane krewetki pokroić w kostkę i posiekać korzeń imbiru; następnie połączyć z sherry i sosem sojowym.

b) Białka ubić z solą, aż się spienią i będą sztywne, ale nie suche. Złożyć mieszaninę krewetek.

c) Rozgrzej olej do dymu. Dodaj mieszaninę krewetek i jajek i gotuj na średnim ogniu, ciągle mieszając, aż jajka zaczną się wiązać (3 do 4 minut).

53. Ceviche Peruano

SKŁADNIKI:
- 2 średnie ziemniaki
- 2 słodkie ziemniaki
- 1 czerwona cebula, pokrojona w cienkie paski
- 1 szklanka świeżego soku z limonki
- 1/2 łodygi selera, pokrojonego w plasterki
- 1/4 szklanki lekko zapakowanych liści kolendry
- 1 szczypta mielonego kminku
- 1 ząbek czosnku, posiekany
- 1 papryczka habanero
- 1 szczypta soli i świeżo zmielonego pieprzu
- 1-funtowa świeża tilapia, pokrojona w 1/2-calowe kawałki
- 1-funtowe średnie krewetki – obrane,

INSTRUKCJE:

a) Ziemniaki i słodkie ziemniaki włóż do rondla i zalej wodą. Pokrojoną w plasterki cebulę włóż do miski z ciepłą wodą.

b) Zmiksuj seler, kolendrę i kminek, dodaj czosnek i papryczkę habanero. Doprawić solą i pieprzem, następnie wymieszać z pokrojoną w kostkę tilapią i krewetkami

c) Przed podaniem obierz ziemniaki i pokrój je w plasterki. Wmieszaj cebulę do mieszanki rybnej. Miseczki wyłóż liśćmi sałaty. Do misek nałóż łyżką ceviche składające się z soku i udekoruj plasterkami ziemniaków.

54. Fondue Cheddar z Sosem Pomidorowym

SKŁADNIKI:
- 1 ząbek czosnku, przekrojony na pół
- 6 średnich pomidorów pozbawionych nasion i pokrojonych w kostkę
- 2/3 szklanki wytrawnego białego wina
- 6 łyżek. Masło w kostce
- 1-1/2 łyżeczki. Suszona bazylia
- Odrobina pieprzu cayenne
- 2 szklanki startego sera Cheddar
- 1 łyżka stołowa. Mąka uniwersalna
- Pokrojony w kostkę chleb francuski i gotowane krewetki

INSTRUKCJE:
a) Natrzyj dno i boki garnka do fondue ząbkiem czosnku.
b) Odłóż na bok i wyrzuć czosnek.
c) W dużym rondlu połącz wino, masło, bazylię, cayenne i pomidory.
d) Na średnim ogniu doprowadzić mieszaninę do wrzenia, a następnie zmniejszyć ogień do niskiego.
e) Ser wymieszać z mąką.
f) Dodawaj stopniowo do masy pomidorowej, mieszając po każdym dodaniu, aż ser się rozpuści.
g) Wlać do garnka do przygotowywania fondue i trzymać w cieple.
h) Ciesz się krewetkami i kostkami chleba.

55. Pikantny dip z krewetek i sera

SKŁADNIKI:
- 2 plasterki bez dodatku cukru boczek
- 2 średni żółty cebule, obrane I pokrojone w kostkę
- 2 goździki czosnek, mielony
- 1 filiżanka prażona kukurydza Krewetka (nie the panierowany Uprzejmy), gotowany
- 1 średni pomidor, pokrojone w kostkę
- 3 kubki rozdrobnione Monterey'a Jacek ser
- 1/4 łyżeczka Franka Czerwony gorący sos
- 1/4 łyżeczka Cayenne pieprz
- 1/4 łyżeczka czarny pieprz

INSTRUKCJE:

a) Kucharz the boczek W A średni rondel nad średni ciepło dopóki chrupiący, o 5–10 minuty. Trzymać smar W patelnia. Położyć the boczek NA A papier ręcznik Do Fajny. Gdy Fajny, kruszyć się the boczek z twój palce.

b) Dodać the cebula I czosnek Do the boczek krople W the rondel I podsmażyć nad średnio niski ciepło dopóki Oni Czy miękki I pachnący, o 10 minuty.

c) Łączyć Wszystko składniki W A powolny kuchenka; zamieszać Dobrze. Kucharz pokryty NA Niski ustawienie 1–2 godziny Lub dopóki ser Jest w pełni stopiony.

56. Kaczka Gumbo

SKŁADNIKI:
MAGAZYN:
- 3 duże lub 4 małe kaczki
- 1 galon wody
- 1 cebula, pokrojona w ćwiartki
- 2 żeberka selerowe
- 2 marchewki 2 liście laurowe 3 t. sól
- 1 t. pieprz

GUMBO:
- ¾c. mąka
- ¾c. olej
- 2 ząbki czosnku, posiekane
- 1 szklanka drobno posiekanej cebuli
- ½c. drobno posiekany seler
- 1c. drobno posiekana zielona papryka
- 1 funt okry pokrojonej na kawałki ¼ cala
- 2 T. smaru z boczku
- 1 lb. surowe, obrane krewetki
- 1 pkt. ostrygi i alkohol
- ¼c. posiekana pietruszka
- 2 w. gotowany ryż

INSTRUKCJE:

a) Kaczki ze skórą; gotować w wodzie z cebulą, selerem, liśćmi laurowymi, solą i pieprzem przez około 1 godzinę lub do momentu, aż mięso z kaczki będzie miękkie. Napięcie; usuń cały smar i zachowaj 3 czwarte zapasu. W razie potrzeby dodaj bulion z kurczaka lub wołowiny, aby uzyskać 3 litry bulionu. Usuń mięso z tuszy i drobne kawałki; powrót do zapasów. Bulion można przygotować dzień przed zrobieniem gumbo.

DLA GUMBO:

b) W dużym holenderskim piekarniku przygotuj ciemnobrązową zasmażkę z mąki i oleju.

c) Dodaj czosnek, cebulę, seler i zieloną paprykę; podsmaż okrę na tłuszczu z bekonu, aż zniknie cała ropliwość, około 20 minut; odpływ. W garnku do zupy podgrzej bulion i powoli dodaj zasmażkę i mieszankę warzywną.

d) Dodaj okrę; gotować pod przykryciem 1,5 godziny.

e) Dodaj krewetki, ostrygi i ich alkohol i gotuj dodatkowe 10 minut. Doprawić natką pietruszki i zdjąć z ognia.

f) Odpowiednio dopraw i podawaj z gorącym, puszystym ryżem.

57. Curry z kaczki z ananasem

SKŁADNIKI:
- 15 suszonych długich czerwonych chilli
- 1 łyżka ziaren białego pieprzu
- 2 łyżeczki nasion kolendry
- 1 łyżeczka nasion kminku
- 2 łyżeczki pasty krewetkowej
- 5 czerwonych szalotek azjatyckich, posiekanych
- 10 ząbków czosnku, posiekanych
- 2 łodygi trawy cytrynowej, tylko biała część, drobno pokrojone
- 1 łyżka posiekanego galangalu
- 2 łyżki posiekanego korzenia kolendry
- 1 łyżeczka drobno startej skórki z limonki kaffir
- 1 łyżka oleju arachidowego
- 8 dymek (szalotek), pokrojonych ukośnie na kawałki o długości 3 cm (1¼ cala)
- 2 ząbki czosnku, zmiażdżone
- 1 chińska pieczona kaczka, pokrojona na duże kawałki
- 400 ml (14 uncji) mleka kokosowego
- 450 g (1 funt) kawałków ananasa z puszki w syropie, odsączonych
- 3 liście limonki kaffir
- 3 łyżki posiekanych liści kolendry
- 2 łyżki posiekanej mięty

INSTRUKCJE:

a) Papryczki chilli namoczyć we wrzącej wodzie przez 5 minut lub do miękkości. Usuń łodygę i nasiona, a następnie posiekaj.

b) Smażyć na sucho ziarna pieprzu, nasiona kolendry, kminek i pastę krewetkową zawinięte w folię na patelni na średnim ogniu przez 2–3 minuty lub do momentu, aż zaczną wydzielać zapach. Pozwól ostygnąć.

c) Zmiażdż lub zmiel ziarna pieprzu, kolendrę i kminek na proszek.

d) Posiekane chilli, pastę krewetkową i mielone przyprawy wraz z pozostałymi składnikami pasty curry włóż do robota kuchennego lub do moździerza z tłuczkiem i zmiel lub zmiksuj na gładką pastę.

e) Rozgrzej wok, aż będzie bardzo gorący, dodaj olej i obracaj, aby pokrył bok. Dodaj cebulę, czosnek i 2–4 łyżki czerwonej pasty curry i smaż mieszając przez 1 minutę lub do momentu, aż zaczną wydzielać zapach.

f) Dodać kawałki pieczonej kaczki, mleko kokosowe, kawałki odsączonego ananasa, liście limonki kaffir, połowę kolendry i mięty. Doprowadź do wrzenia, następnie zmniejsz ogień i gotuj na wolnym ogniu przez 10 minut lub do momentu, aż kaczka się podgrzeje, a sos lekko zgęstnieje.

g) Dodaj pozostałą kolendrę i miętę i podawaj.

58. Curry z kaczki BBQ z liczi

SKŁADNIKI:
- 1 łyżeczka ziaren białego pieprzu
- 1 łyżeczka pasty krewetkowej
- 3 długie czerwone chilli, pozbawione pestek
- 1 czerwona cebula, grubo posiekana
- 2 ząbki czosnku
- 2 łodygi trawy cytrynowej, tylko biała część, pokrojone w cienkie plasterki
- Kawałek imbiru o długości 5 cm
- 3 korzenie kolendry
- 5 liści limonki kaffir
- 2 łyżki oleju
- 2 łyżeczki mielonej kolendry
- 1 łyżeczka mielonego kminku
- 1 łyżeczka papryki
- 1 łyżeczka mielonej kurkumy
- 1 chińska kaczka z grilla
- 400 ml (14 uncji) śmietanki kokosowej
- 1 łyżka startego cukru palmowego (jaggery)
- 2 łyżki sosu rybnego
- 1 gruby plaster galangalu
- 240 g (8½ uncji) grzybów słomianych z puszki, odsączonych
- 400 g liczi z puszki, przekrojonych na pół
- 250 g (9 uncji) pomidorków koktajlowych
- 1 garść posiekanej tajskiej bazylii
- 1 garść liści kolendry

INSTRUKCJE:

a) Smażyć na sucho ziarna pieprzu i pastę krewetkową owinięte w folię na patelni na średnim ogniu przez 2–3 minuty lub do momentu, aż zaczną wydzielać zapach. Pozwól ostygnąć.

b) Za pomocą moździerza z tłuczkiem lub młynka do przypraw rozgnieć lub zmiel ziarna pieprzu na proszek.

c) Włóż pokruszone ziarna pieprzu i krewetki wraz z pozostałymi składnikami pasty curry do robota kuchennego lub do moździerza z tłuczkiem i rozdrobnij lub utrzyj na gładką pastę.

d) Mięso z kaczki usuń z kości i pokrój na kawałki wielkości kęsa. Do rondelka włóż gęstą śmietankę kokosową z wierzchu formy, zagotuj na średnim ogniu, od czasu do czasu mieszając, i gotuj przez 5–10 minut lub do momentu, aż mieszanina się „rozpuści" (olej zacznie się oddzielać).

e) Dodać połowę pasty curry, cukier palmowy i sos rybny i mieszać, aż cukier palmowy się rozpuści.

f) Dodać kaczkę, galangal, grzyby słomiane, liczi, syrop z liczi i pozostałą śmietankę kokosową. Doprowadzić do wrzenia, następnie zmniejszyć ogień i gotować przez 15–20 minut lub do momentu, aż kaczka będzie miękka.

g) Dodać pomidorki koktajlowe, bazylię i kolendrę. Doprawić do smaku. Podawać, gdy pomidorki koktajlowe lekko zmiękną.

59. Ceviche z grillowanych skorupiaków

SKŁADNIKI:

- ¾ funta średnie krewetki, łuskane i oczyszczone
- ¾ funta przegrzebków morskich
- ¾ funta filetu z łososia
- 1 szklanka pokrojonych w kostkę pomidorów (kostka 1/2 cala)
- 1 szklanka pokrojonego w kostkę mango (1/2 cala kostki)
- 2 Grejpfruty, obrane i podzielone na segmenty
- 3 pomarańcze, obrane i podzielone na kawałki
- 4 Limonki, obrane i podzielone na segmenty
- ½ szklanki pokrojonej w kostkę czerwonej cebuli (1/2 cala kostki)
- 2 posiekane papryczki Jalapenos
- 4 szklanki świeżego soku z limonki
- 1 szklanka posiekanej kolendry
- 2 łyżki cukru
- Sól i mielony pieprz

INSTRUKCJE:

a) W dużej, niereagującej misce połącz przegrzebki, łososia, krewetki, pomidory, mango, cebulę, jalapeno i sok z limonki.
b) Marynować, przechowywać w lodówce, przez 3 godziny.
c) Wyjmij z marynaty i grilluj ryby i skorupiaki na tyle długo, aby uzyskać ślady grillowania 30–60 sekund.
d) Wszystkie ryby pokroić w ½-calową kostkę.
e) Tuż przed podaniem odsącz z owoców jak najwięcej soku z limonki, dodaj kolendrę, cukier, skorupiaki i łososia. Delikatnie wymieszaj, uważając, aby nie połamać owoców i ryb.

60. Miseczki z sajgonkami z cukinii

SKŁADNIKI:

- 3 łyżki kremowego masła orzechowego
- 2 łyżki świeżo wyciśniętego soku z limonki
- 1 łyżka sosu sojowego o obniżonej zawartości sodu
- 2 łyżeczki ciemnego brązowego cukru
- 2 łyżeczki sambal oelek (mielona świeża pasta chili)
- 1-funtowe średnie krewetki, obrane i oczyszczone
- 4 średnie cukinie, spiralizowane
- 2 duże marchewki, obrane i starte
- 2 szklanki posiekanej fioletowej kapusty
- ⅓ szklanki świeżych liści kolendry
- ⅓ szklanki liści bazylii
- ¼ szklanki liści mięty
- ¼ szklanki posiekanych, prażonych orzeszków ziemnych

INSTRUKCJE:

a) NA SOS ORZECHOWY: W małej misce wymieszaj masło orzechowe, sok z limonki, sos sojowy, brązowy cukier, sambal oelek i 2–3 łyżki wody. Przechowywać w lodówce do 3 dni, aż będzie gotowy do podania.

b) W dużym garnku z wrzącą, osoloną wodą gotuj krewetki na różowy kolor, około 3 minuty. Odcedzić i ostudzić w misce z lodowatą wodą. Dobrze odcedź.

c) Cukinię podzielić do pojemników do przygotowywania posiłków. Na wierzch połóż krewetki, marchewkę, kapustę, kolendrę, bazylię, miętę i orzeszki ziemne. Przechowywać pod przykryciem w lodówce od 3 do 4 dni. Podawać z pikantnym sosem orzechowym.

61. Sałatka z komosy ryżowej i krewetek

SKŁADNIKI:

- 1 szklanka ugotowanej komosy ryżowej
- ½ funta krewetek; gotowany; w 1/2-calowej kostce
- ½ szklanki świeżej kolendry; drobno posiekane
- ¼ szklanki świeżego szczypiorku lub zielonej cebuli
- 1 papryczka Jalapeno; mielony
- 1 każdy ząbek czosnku; mielony
- 1 łyżeczka soli
- ½ łyżeczki Czarny pieprz
- 3 łyżki soku z limonki
- 1 łyżka miodu
- 1 łyżka sosu sojowego
- 2 łyżki oliwy z oliwek

INSTRUKCJE:
b) Na dressing wymieszaj jalapeno, czosnek, sól, pieprz, sok z limonki, miód, sos sojowy i oliwę z oliwek. Delikatnie wymieszaj z komosą ryżową.
c) Doprawić do smaku.

62.Krewetki na kaca

SKŁADNIKI:
- 32 uncje Sok V-8
- 1 może Piwo
- 3 Papryczki Jalapeño (lub habaneros)
- 1 duży Cebula; posiekana
- 1 łyżeczka Sól
- 2 Ząbki czosnku; posiekana
- 3 funty Krewetka; obrane i oczyszczone

INSTRUKCJE:
a) Wszystkie składniki oprócz krewetek umieścić w dużym garnku i doprowadzić do wrzenia.
b) Dodaj krewetki i zdejmij z ognia. Odstaw na około 20 minut. Odcedzić i schłodzić krewetki.
c) Sformatowany i zniszczony przez Carriej999@...

63. Roladki krewetkowe Pinwheel

SKŁADNIKI:

- 5 dużych jaj
- 1 łyżka oleju sałatkowego
- 1 funt surowych krewetek; łuskane, oczyszczone
- 2 łyżeczki soli
- ⅓ szklanki drobno suszonej bułki tartej
- 1 łyżeczka Drobno posiekanego świeżego imbiru
- 1 Białko jaja
- ⅛ łyżeczki ostrej papryki w proszku
- ¼ łyżeczki pieprzu białego
- 2 łyżki wermutu
- ¼ szklanki bulionu z kurczaka lub ryby
- 2 łyżki drobno posiekanego szalotki; tylko biała część
- ½ czerwonej słodkiej papryki lub pimiento pokrojonej w kostkę
- 1 mała marchewka; rozdrobnione
- 8 Groszek śnieżny; pokrojone w kostkę
- ¼ szklanki sosu ostrygowego
- ¼ szklanki bulionu z kurczaka
- 1 łyżka sosu sojowego
- 1 łyżka sosu Tabasco
- 1 łyżeczka Zmielony świeży imbir

INSTRUKCJE:
a) Ubij 5 jajek, aż dobrze się połączą. Posmaruj patelnię wyłożoną teflonem połową oleju sałatkowego.
b) Rozgrzej patelnię i wlej połowę jajek, obracając patelnię tak, aby jajka przykryły dno patelni.
c) Gotuj naleśniki jajeczne, aż się zetną. Zdjąć z patelni i pozostawić do ostygnięcia. Powtarzać.
d) Natrzyj krewetki 1 łyżeczką. sól i dokładnie umyj pod zimną bieżącą wodą. Odcedź krewetki i osusz.
e) Zmiel krewetki za pomocą włączania i wyłączania robota kuchennego i przenieś do dużej miski do miksowania.
f) Wymieszaj pozostałą sól, bułkę tartą, imbir, białko jaja, pieprz, wermut, bulion z kurczaka lub rybny i szalotkę. Mieszaj energicznie, aż mieszanina się wymiesza.
g) Dodaj pokrojony w kostkę groszek śnieżny i słodką czerwoną paprykę lub pimiento.
h) Na jednym naleśniku jajecznym rozsmaruj ½ mieszanki krewetek, na wierzch połóż połowę posiekanej marchewki i zwiń. Powtórz z drugim naleśnikiem.
i) Roladki z krewetkami ułożyć na talerzu, wstawić do gotowania na parze i gotować na parze 10 min. Podawać z sosem ostrygowym. Ostryga

SOS:
j) Wymieszaj, podgrzej w rondlu i podawaj na ciepło z bułeczkami z krewetkami.

64. Makaron Z Serowymi Pesto Krewetkami I Pieczarkami

SKŁADNIKI:
- 1 (16 uncji) opakowanie makaronu linguine
- 1 szklanka przygotowanego pesto bazyliowego
- 2 łyżki oliwy z oliwek
- 1 funt gotowanych krewetek, obranych i oczyszczonych
- 1 mała cebula, posiekana
- 20 grzybów, posiekanych
- 8 ząbków czosnku, pokrojonych w plasterki
- 3 pomidory roma (śliwkowe), pokrojone w kostkę
- 1/2 szklanki masła
- 2 łyżki mąki uniwersalnej
- 2 szklanki mleka
- 1 szczypta soli
- 1 szczypta pieprzu
- 1 1/2 szklanki startego sera Romano

INSTRUKCJE:

a) Do dużego garnka z lekko osolonym wrzącą wodą włóż makaron i gotuj przez około 8-10 minut lub do momentu, aż będzie gotowy, dobrze odcedź i odłóż na bok.

b) Na dużej patelni rozgrzej olej na średnim ogniu i smaż cebulę przez około 4-5 minut.

c) Dodać masło i czosnek i smażyć około 1 minuty.

d) W międzyczasie w misce wymieszaj mleko z mąką i wlej na patelnię, ciągle mieszając.

e) Dodaj sól i czarny pieprz i smaż, mieszając, przez około 4 minuty.

f) Dodać ser, ciągle mieszając, aż do całkowitego rozpuszczenia.

g) Dodaj pesto, krewetki, pomidory i grzyby i gotuj przez około 4 minuty lub do całkowitego podgrzania.

h) Dodać makaron, wymieszać i natychmiast podawać.

65.Serowe Pesto Krewetki Z Makaronem

SKŁADNIKI:
- 1 funt makaronu linguine
- 1/3 szklanki pesto
- 1/2 szklanki masła
- 1 funt dużych krewetek, obranych i oczyszczonych
- 2 szklanki gęstej śmietanki
- 1/2 łyżeczki mielonego czarnego pieprzu
- 1 szklanka startego parmezanu

INSTRUKCJE:

a) Do dużego garnka z lekko osolonym wrzącą wodą włóż makaron i gotuj przez około 8-10 minut lub do momentu, aż będzie gotowy, dobrze odcedź i odłóż na bok.

b) W międzyczasie rozpuść masło na dużej patelni na średnim ogniu. Dodać śmietanę i czarny pieprz i smażyć, ciągle mieszając, przez około 6-8 minut.

c) Dodaj ser i mieszaj, aż składniki dobrze się połączą. Dodać pesto i smażyć, ciągle mieszając, przez około 3-5 minut.

d) Dodaj krewetki i gotuj przez około 3-5 minut. Podawać na gorąco z makaronem.

KRAB

66.Muffiny krabowe

SKŁADNIKI:
- ½ funta mięsa krabowego (puszka 7 uncji)
- 1 margaryna w kostce
- 1 słoiczek sera staroangielskiego
- ½ łyżeczki soli czosnkowej
- 2 łyżki majonezu
- ½ łyżeczki soli sezonowej
- 6 angielskich babeczek

INSTRUKCJE:
a) Wszystko razem z wyjątkiem muffinek wymieszać. Rozsmarować na muffinach. Muffinki pokroić na ćwiartki.
b) Zamroź na blasze z ciasteczkami. Włóż do torby i przechowuj w zamrażarce do czasu, aż będzie potrzebne. Podsmaż i podawaj.

67. Tarty krabowe

SKŁADNIKI:
- 3 duże jajka, ubite
- 1 ½ szklanki odtłuszczonego mleka
- ¾ szklanki startego sera szwajcarskiego
- 2 łyżki serka śmietankowego, miękkiego
- 1 łyżka cebuli, posiekanej
- ¼ szklanki posiekanej natki pietruszki
- ½ szklanki marchewki, startej
- 1 funt Zwykłego mięsa krabowego
- ½ łyżeczki gałki muszkatołowej
- ¼ łyżeczki pieprzu białego
- 1 szczypta soli
- ciasto na 2 ciasta

INSTRUKCJE:

a) Rozwałkuj ciasto cienko i za pomocą foremki do ciastek pokrój koła o średnicy 2 cali. Lekko wciśnij kółka ciasta w naoliwione foremki do tart. Nakłuj ciasto widelcem.

b) Piec 5-7 minut w temperaturze 450 stopni. Wyjmij z piekarnika. Odłożyć na bok.

c) Wymieszaj pozostałe składniki i nałóż łyżką do tart, wypełniając ½ cala wierzchu muszelek

d) Piec przez 25 minut w temperaturze 375 stopni lub do momentu, aż włożona wykałaczka będzie czysta.

68. Dip z owoców morza

SKŁADNIKI:
- 1 szklanka płatków krabowych
- ½ szklanki sera Cheddar – posiekanego
- ¼ szklanki serka śmietankowego – zmiękczonego
- ¼ szklanki majonezu
- ¼ szklanki kwaśnej śmietany
- ¼ szklanki sera parmezanowego – startego
- ¼ szklanki zielonej cebuli – pokrojonej w plasterki
- 1 łyżeczka soku z cytryny
- ¼ łyżeczki sosu Worcestershire
- ⅛ łyżeczki czosnku w proszku
- ¼ szklanki bułki tartej

INSTRUKCJE:
a) W misce wymieszaj pierwsze 10 składników na gładką masę. Rozłóż na 9-calowej foremce do ciasta.
b) Posypać bułką tartą. Piec pod przykryciem w temperaturze 350 stopni F przez 20 minut lub do momentu, aż zacznie się pienić
c) Odkryj i piecz jeszcze 5 minut. Podawać z krakersami lub surowymi warzywami.

OSTRYGI

69. Krokiety z ostrygami

SKŁADNIKI:
- ¼ szklanki masła
- ¼ szklanki mąki uniwersalnej
- 1 szklanka mleka
- Sól
- Świeżo zmielony pieprz
- 3 łyżki masła
- 4 Posiekana szalotka
- 1 funt mielonych grzybów
- 24 Wyłuskana i poklepana sucha ostryga
- (do głębokiego smażenia) olej roślinny
- 3 Jajko
- Mąka uniwersalna
- 4 szklanki świeżej bułki tartej
- Rukiew wodna
- Kawałki cytryny

INSTRUKCJE:

a) Rozpuść ¼ szklanki masła w ciężkim, średnim rondlu na małym ogniu.

b) Wymieszaj ¼ szklanki mąki i mieszaj 3 minuty. Wlać mleko i doprowadzić do wrzenia. Zmniejsz ogień i gotuj przez 5 minut, od czasu do czasu mieszając. Doprawić solą i pieprzem.

c) Rozpuść 3 łyżki masła na ciężkiej, średniej patelni na średnio-małym ogniu. Dodaj szalotki i smaż, aż zmiękną, od czasu do czasu mieszając, około 5 minut. Dodaj grzyby, zwiększ ogień i gotuj, aż cały płyn odparuje, od czasu do czasu mieszając, około 10 minut. Doprawić solą i pieprzem. Mieszankę grzybową wymieszaj z sosem. Fajny.

d) Rozgrzej patelnię na średnim ogniu. Dodaj ostrygi i smaż 2 minuty. Fajny.

e) Rozgrzej olej do 425 stopni. we frytownicy lub ciężkim, dużym rondlu. Ubij jajka, aby wymieszać je z 1 łyżką oleju roślinnego. Ułóż sos wokół każdej ostrygi, tworząc kształt cygara. Obtocz w mące, strzepując jej nadmiar.

f) Zanurz w mieszance jajecznej. Obtaczamy w bułce tartej. Smażyć partiami na złoty kolor, około 4 minut. Wyjmować łyżką cedzakową i odsączać na ręcznikach papierowych.

g) Na talerzu ułóż krokiety. Udekoruj rzeżuchą i cytryną.

70. Bruschetta z ostryg i pomidorów

SKŁADNIKI:

- 1 francuska bagietka, pokrojona w plasterki i opiekana
- 2 szklanki pomidorków koktajlowych, przekrojonych na połówki
- 16 świeżych ostryg, gotowanych lub grillowanych
- Glazura balsamiczna do polania
- Świeże liście bazylii do dekoracji

INSTRUKCJE:

a) W misce wymieszaj pomidorki koktajlowe z solą i pieprzem.
b) Na każdym podpieczonym kawałku bagietki ułóż gotowane lub grillowane ostrygi.
c) Połóż przyprawione pomidory na ostrygach.
d) Skropić glazurą balsamiczną i udekorować listkami świeżej bazylii.
e) Podawać jako pyszną bruschettę.

71. Roladki sushi z ostrygami

SKŁADNIKI:
- 4 arkusze nori (wodorosty)
- 2 szklanki ryżu do sushi, ugotowanego i przyprawionego
- 16 świeżych ostryg, pokrojonych w plasterki
- 1 ogórek pokrojony w julienne
- Sos sojowy do maczania
- Marynowany imbir do podania

INSTRUKCJE:
a) Połóż arkusz nori na bambusowej macie do zwijania sushi.
b) Na nori rozłóż cienką warstwę ryżu sushi.
c) Na ryżu ułóż plasterki świeżych ostryg i ogórka julienne.
d) Zwiń sushi ciasno i pokrój na kawałki wielkości kęsa.
e) Podawać z sosem sojowym i marynowanym imbirem.

72. Crostini z ostrygami i serem pleśniowym

SKŁADNIKI:

- Plasterki bagietki, opiekane
- 16 świeżych ostryg, lekko gotowanych lub grillowanych
- 1/2 szklanki sera pleśniowego, pokruszonego
- Miód do posypania
- Posiekane orzechy włoskie do dekoracji

INSTRUKCJE:

a) Ułóż lekko ugotowane lub grillowane ostrygi na podpieczonych plasterkach bagietki.
b) Posyp ostrygi pokruszonym serem pleśniowym.
c) Skropić miodem.
d) Udekoruj posiekanymi orzechami włoskimi.
e) Podawać jako eleganckie crostini śniadaniowe.

73. Cajun Smażone Krewetki I Ostrygi

SKŁADNIKI:
- 1 funt świeżych, wyłuskanych ostryg
- 1 funt surowych krewetek jumbo, obranych i oczyszczonych
- 2 jajka, oddzielnie lekko ubite
- ¾ szklanki mąki uniwersalnej
- ½ szklanki żółtej mąki kukurydzianej
- 2 łyżeczki przyprawy Cajun
- ½ łyżeczki pieprzu cytrynowego

2 szklanki oleju roślinnego do głębokiego smażenia

INSTRUKCJE:
a) Umieść ostrygi w średniej misce, a krewetki w osobnej misce.

b) Posmaruj jajami krewetki i ostrygi (1 jajko na miskę) i upewnij się, że wszystko jest ładnie pokryte. Odłóż miski na bok.

c) W dużej torbie do zamrażania zamykanej na zamek błyskawiczny dodaj mąkę, mąkę kukurydzianą, przyprawę Cajun i pieprz cytrynowy. Wstrząśnij torebką, aby upewnić się, że wszystko jest dobrze wymieszane.

d) Dodaj krewetki do torebki i potrząśnij, aby je pokryć, a następnie wyjmij krewetki i połóż je na blasze do pieczenia. Teraz dodaj ostrygi do torby i powtórz proces.

e) We frytownicy lub głębokiej patelni rozgrzej olej roślinny do temperatury około 350 do 360 stopni F. Smażyć krewetki, aż uzyskają złoty kolor, około 3 do 4 minut. Następnie smaż ostrygi na złoty kolor, około 5 minut.

f) Połóż owoce morza na talerzu wyłożonym ręcznikiem papierowym, aby wchłonąć nadmiar oleju. Podawać z ulubionym sosem do maczania.

74.smażone ostrygi

SKŁADNIKI:

- 1 litr ostryg wyłuskanych, odsączonych
- 1/2 szklanki mąki uniwersalnej
- 1/2 łyżeczki soli
- 1/4 łyżeczki czarnego pieprzu
- 1/4 łyżeczki pieprzu cayenne
- 2 jajka, ubite
- 1 szklanka bułki tartej
- Olej roślinny, do smażenia

INSTRUKCJE:

a) W płytkim naczyniu wymieszaj mąkę, sól, czarny pieprz i pieprz cayenne.
b) W innym płytkim naczyniu ubij jajka.
c) W trzecim płytkim naczyniu połóż bułkę tartą.
d) Każdą ostrygę zanurzaj najpierw w mieszance mąki, następnie w roztrzepanych jajkach, a na koniec w bułce tartej, strzepując nadmiar.
e) Rozgrzej olej roślinny na dużej patelni na średnim ogniu.
f) Smażyć ostrygi partiami, około 2-3 minuty z każdej strony lub do momentu, aż będą złocistobrązowe i chrupiące.
g) Usmażone ostrygi odsączamy na talerzu wyłożonym ręcznikiem papierowym.
h) Podawać na gorąco z cząstkami cytryny i sosem tatarskim.

75. Ceviche z ostryg i habanero

SKŁADNIKI:
- 8 Obrane świeże ostrygi
- 1 łyżka posiekanej kolendry
- 1 łyżka drobno pokrojonego pomidora
- ¼ łyżeczki puree Habanero
- ½ pomarańczy; najwyższy
- ¼ szklanki świeżo wyciśniętego soku pomarańczowego
- 1 łyżka świeżo wyciśniętego soku z cytryny
- Sól i pieprz

INSTRUKCJE:
a) Połącz wszystkie składniki w misce.
b) Doprawić solą i pieprzem.
c) Podawać w połówkach muszli ostryg.

76. Ukąszenia bekonowo-ostrygowe

SKŁADNIKI:

- 8 plasterków Boczek
- ½ szklanki Nadzienie ziołowe sezonowane
- 1 może (5 uncji) ostrygi; posiekana
- ¼ szklanki Woda

INSTRUKCJE:

a) Rozgrzej piekarnik do 350ø. Plasterki boczku przekrój na pół i lekko podsmaż. NIE PRZEGOTOWUJ.
b) Boczek musi być na tyle miękki, aby łatwo owinął się wokół kulek. Połącz farsz, ostrygi i wodę.
c) Uformuj kulki wielkości kęsa, około 16.
d) Zawiń kulki w boczek. Piec w temperaturze 350° przez 25 minut. Podawać na ciepło.

77. Ostrygi i kawior

SKŁADNIKI:
- 2 funty wodorostów
- 18 Ostryg w półskorupie
- 2 szalotki
- 2 uncje czarnego kawioru
- 2 cytryny

INSTRUKCJE:

a) Rozłóż wodorosty w płaskim koszu. Ułóż schłodzone ostrygi w muszlach, na wodorostach. Pokrój szalotkę w cienkie pierścienie.

b) Posyp 2 lub 3 kawałki każdej ostrygi. Każdą posyp odrobiną kawioru. Podawać bardzo zimne, w towarzystwie świeżych, cienkich plasterków cytryny. Podaj dobrze schłodzonego szampana.

78.Sajgonki z ostrygami

SKŁADNIKI:
- 3 duże opakowania sajgonek
- 6 kasztanów wodnych, drobno posiekanych
- 1 plasterek imbiru, drobno posiekany
- 3 cebule dymki, drobno posiekane (łącznie z zielonymi wierzchołkami)
- Kilka kropli oleju sezamowego
- 1 łyżeczka jasnego sosu sojowego
- 24 ostrygi wysunęły się z muszli
- Olej roślinny

INSTRUKCJE:
a) Każde opakowanie sajgonki pokroić na ćwiartki.
b) W misce wymieszaj drobno posiekane kasztany wodne, imbir i dymkę. Dodaj kilka kropli oleju sezamowego i jasny sos sojowy. Dobrze wymieszaj.
c) Delikatnie wymieszaj ostrygi, upewniając się, że są dobrze pokryte przyprawami.
d) Podzielić mieszaninę ostryg równomiernie pomiędzy kwadraty sajgonek.
e) Ostrożnie zwiń każdą sajgonkę, składając boki, aby zamknąć nadzienie. Brzegi opakowań posmaruj wodą, aby je uszczelnić.
f) Na głębokiej patelni lub w garnku rozgrzej dużą ilość oleju roślinnego do smażenia.
g) Smaż sajgonki na gorącym oleju przez 2-3 minuty lub do momentu, aż będą złociste i chrupiące.
h) Wyjmij sajgonki z oleju i odsącz je na zmiętym papierze kuchennym, aby usunąć nadmiar oleju.
i) Natychmiast podawaj sajgonki z ostrygami.
j) Zapraszamy na pyszne sajgonki z ostrygami!

79. Ostrygi smażone w tempurze

SKŁADNIKI:

- 12 świeżych ostryg
- Olej roślinny, do smażenia
- 1 Mąkę o wszechstronnym przeznaczeniu
- ½ szklanki skrobi kukurydzianej
- ½ łyżeczki soli
- 1 szklanka lodowatej wody
- Do podania sos sojowy lub sos tatarski
- Opcjonalne dodatki: nasiona sezamu, zielona cebula lub ćwiartki cytryny

INSTRUKCJE:

a) Zacznij od obrania ostryg i wyjęcia ich z muszli. Pamiętaj, aby wyrzucić wszelkie ostrygi, które się otworzyły lub nie wyglądają na świeże.
b) Opłukane ostrygi opłucz pod zimną wodą i osusz papierowymi ręcznikami. Odłóż je na bok.
c) Rozgrzej olej roślinny we frytkownicy lub dużym garnku do temperatury około 175°C (350°F).
d) W misce wymieszaj mąkę uniwersalną, skrobię kukurydzianą i sól. Stopniowo dodawaj lodowatą wodę, delikatnie mieszając, aż uzyskasz gładką konsystencję ciasta. Uważaj, aby nie przemieszać; nie ma problemu, jeśli jest kilka grudek.
e) Zanurz każdą ostrygę w cieście, upewniając się, że jest równomiernie pokryta. Zanim ostrożnie włożysz ostrygę do gorącego oleju, poczekaj, aż nadmiar ciasta spuści.
f) Smażyć ostrygi partiami, uważając, aby nie przepełnić frytownicy ani garnka. Gotuj je przez około 2-3 minuty lub do momentu, aż ciasto tempura stanie się złociste i chrupiące.
g) Po ugotowaniu ostryg za pomocą łyżki cedzakowej lub szczypiec wyjmij je z oleju i przenieś na talerz wyłożony ręcznikami papierowymi. Pomoże to wchłonąć nadmiar oleju.
h) Powtarzaj proces z pozostałymi ostrygami, aż wszystkie będą ugotowane.
i) Podawaj smażone ostrygi w tempurze na gorąco jako przystawkę lub danie główne.
j) Można się nimi delektować w niezmienionej postaci lub podawać z sosem sojowym lub tatarskim do maczania.
k) Posyp sezamem lub zieloną cebulą na wierzchu, aby dodać smaku i udekorować. Kawałki cytryny można również podać z boku, aby uzyskać cytrusowy kopniak.

80.Klasyczne ostrygi Rockefeller

SKŁADNIKI:
- 24 świeże ostrygi, wyłuskane
- 1/2 szklanki masła
- 1/2 szklanki bułki tartej
- 1/2 szklanki startego parmezanu
- 1/4 szklanki posiekanej natki pietruszki
- 2 ząbki czosnku, posiekane
- 1 łyżka soku z cytryny
- Sól i pieprz do smaku

INSTRUKCJE:
a) Rozgrzej piekarnik do 450°F (230°C).
b) Na patelni rozpuść masło i podsmaż czosnek, aż zacznie pachnieć.
c) Na patelnię dodaj bułkę tartą, parmezan, pietruszkę, sok z cytryny, sól i pieprz. Dobrze wymieszaj.
d) Połóż wyłuskane ostrygi na blasze do pieczenia.
e) Każdą ostrygę posyp mieszanką bułki tartej.
f) Piec przez 10-12 minut lub do momentu, aż polewa będzie złotobrązowa.
g) Podawać na gorąco.

81. Napój z ostrygami

SKŁADNIKI:

- 12 świeżych ostryg, wyłuskanych
- 1 szklanka soku pomidorowego
- 1/4 szklanki wódki
- 1 łyżka ostrego sosu
- 1 łyżka chrzanu
- Kawałki cytryny do dekoracji

INSTRUKCJE:

a) W misce wymieszaj sok pomidorowy, wódkę, ostry sos i chrzan.
b) Włóż wyłuskaną ostrygę do kieliszka.
c) Wlać mieszaninę soku pomidorowego na ostrygę.
d) Udekoruj cząstką cytryny.
e) Podać schłodzone.

82.Przekąski Zawijane Ostrygi i Bekon

SKŁADNIKI:

- 16 świeżych ostryg, wyłuskanych
- 8 plasterków boczku, przekrojonych na pół
- Wykałaczki

INSTRUKCJE:

a) Rozgrzej piekarnik do 400°F (200°C).
b) Każdą wyłuskaną ostrygę owinąć połówką plasterka boczku i zabezpieczyć wykałaczką.
c) Połóż ostrygi owinięte w bekon na blasze do pieczenia.
d) Piecz przez 12-15 minut lub do momentu, aż boczek będzie chrupiący.
e) Podawać na gorąco jako wyśmienitą przekąskę z ostrygami zawiniętymi w bekonie.

83. Pikantny dip z ostryg

SKŁADNIKI:
- 1 szklanka majonezu
- 1/4 szklanki gorącego sosu
- 1 łyżka soku z cytryny
- 1 łyżeczka sosu Worcestershire
- 16 świeżych ostryg, obranych i posiekanych
- 1/4 szklanki posiekanej zielonej cebuli
- Chipsy tortilla lub krakersy do podania

INSTRUKCJE:

a) W misce wymieszaj majonez, ostry sos, sok z cytryny i sos Worcestershire.

b) Wymieszać z posiekanymi ostrygami i zieloną cebulą.

c) Wstawić do lodówki na co najmniej 30 minut, aby smaki się przegryzły.

d) Podawaj pikantny dip ostrygowy z chipsami tortilla lub krakersami.

84.Kanapki z ostryg i ogórka

SKŁADNIKI:
- 16 świeżych ostryg, wyłuskanych
- 1 ogórek, pokrojony w cienkie plasterki
- Ser topiony
- Gałązki koperku do dekoracji
- Skórki z cytryny

INSTRUKCJE:
a) Na każdym plasterku ogórka rozsmaruj serek śmietankowy.
b) Połóż wyłuskaną ostrygę na wierzchu serka śmietankowego.
c) Udekoruj gałązkami koperku i odrobiną skórki cytrynowej.
d) Podawać jako orzeźwiające kanapki.

85. Tostadas z salsą z ostryg i mango

SKŁADNIKI:

- 16 świeżych ostryg, wyłuskanych
- 8 małych muszli tostady
- 1 szklanka mango, pokrojonego w kostkę
- 1/2 szklanki czerwonej cebuli, drobno posiekanej
- 1/4 szklanki posiekanej kolendry
- Kawałki limonki do dekoracji

INSTRUKCJE:

a) Na każdej skorupce tostady ułóż wyłuskane ostrygi.
b) W misce wymieszaj pokrojone w kostkę mango, czerwoną cebulę i kolendrę.
c) Połóż salsę z mango na ostrygach.
d) Udekoruj cząstkami limonki.
e) Podawać jako wyraziste przekąski typu tostada.

86. Crostini z ostrygami i pesto

SKŁADNIKI:
- Plasterki bagietki, opiekane
- 16 świeżych ostryg, wyłuskanych
- Sos Pesto
- Pomidory wiśniowe, przekrojone na połówki
- Glazura balsamiczna do polania

INSTRUKCJE:
a) Na każdym kawałku podpieczonej bagietki rozsmaruj warstwę sosu pesto.
b) Na pesto połóż wyłuskaną ostrygę.
c) Udekoruj przekrojonymi na pół pomidorkami koktajlowymi.
d) Skropić glazurą balsamiczną.
e) Podawać jako aromatyczne crostini z pesto.

87. Poppersy z ostrygami i bekonem Jalapeño

SKŁADNIKI:
- 16 świeżych ostryg, wyłuskanych
- 8 papryczek jalapeño, przekrojonych na pół i pozbawionych nasion
- Ser topiony
- 8 plasterków boczku, przekrojonych na pół
- Wykałaczki

INSTRUKCJE:
a) Rozgrzej piekarnik do 190°C (375°F).
b) Rozsmaruj serek śmietankowy wewnątrz każdej połówki jalapeño.
c) Połóż wyłuskaną ostrygę na serku śmietankowym.
d) Owiń każde papryczki jalapeño połową plasterka boczku i zabezpiecz wykałaczką.
e) Piec 20-25 minut lub do momentu, aż boczek będzie chrupiący.
f) Podawać na gorąco jako pikantne poppersy z ostrygami jalapeño.

88. Guacamole z ostryg i mango

SKŁADNIKI:
- 16 świeżych ostryg, obranych i pokrojonych w kostkę
- 2 dojrzałe awokado, rozgniecione
- 1 mango, pokrojone w kostkę
- 1/4 szklanki czerwonej cebuli, drobno posiekanej
- 1/4 szklanki posiekanej kolendry
- Sok limonkowy
- Chipsy tortilla do podania

INSTRUKCJE:
a) W misce wymieszaj pokrojone w kostkę ostrygi, puree z awokado, pokrojone w kostkę mango, czerwoną cebulę i kolendrę.
b) Wyciśnij sok z limonki na mieszaninę i dobrze wymieszaj.
c) Podawaj guacamole z ostryg i mango z chipsami tortilla.

89. Grzyby faszerowane ostrygami i kozim serem

SKŁADNIKI:
- 16 świeżych ostryg, wyłuskanych
- 16 dużych grzybów, oczyszczonych i usuniętych z łodyg
- 4 uncje koziego sera
- 2 łyżki bułki tartej
- Listki świeżego tymianku do dekoracji
- Oliwa z oliwek do skropienia

INSTRUKCJE:
a) Rozgrzej piekarnik do 190°C (375°F).
b) W misce wymieszaj kozi ser i bułkę tartą.
c) Nafaszeruj każdego grzyba mieszanką koziego sera.
d) Na każdym nadziewanym grzybie ułóż wyłuszczoną ostrygę.
e) Skropić oliwą z oliwek.
f) Piec przez 15-20 minut lub do momentu, aż grzyby będą miękkie.
g) Udekoruj listkami świeżego tymianku.
h) Podawać na ciepło.

MAŁŻE

90. Clamowy dip

SKŁADNIKI:
- ⅓ szklanki ketchupu pomidorowego Heinz
- 1 opakowanie (8 uncji) serka śmietankowego; zmiękczony
- 1 łyżeczka świeżego soku z cytryny
- ⅛ łyżeczki czosnku w proszku
- 1 puszka (6,5 uncji) mielonych małży; osuszony

INSTRUKCJE:
a) Ketchup stopniowo mieszaj z serkiem śmietankowym.
b) Dodaj sok z cytryny, proszek czosnkowy i małże. Przykryj i ostudź.

91. Pieczone małże nadziewane

SKŁADNIKI:

- 1 może Mielone małże
- 1 kostka roztopionej margaryny
- 4 łyżki bulionu z małży
- Szczypta soli czosnkowej
- 3 szklanki okruszków krakersów Ritz
- 1 łyżka sherry
- ½ łyżeczki sosu Worcestershire

INSTRUKCJE:

a) Odcedzić małże, zachowując 4 łyżki płynu. Wszystkie składniki wymieszać i napełnić muszelki.
b) Piec w temperaturze 350 stopni przez 15 minut. Jeśli nie masz muszli, piecz w małym naczyniu do pieczenia przez 20 do 25 minut i podawaj na krakersach.

92.Placuszki z małżami w puszkach

SKŁADNIKI:

- 1 jajko; dobrze pobity
- ½ łyżeczki soli
- ⅛ łyżeczki czarnego pieprzu
- ⅔ szklanki mąki pszennej białej
- 1 łyżeczka proszku do pieczenia
- ¼ szklanki bulionu z małży w puszkach
- 1 łyżka masła; stopiony
- 1 szklanka mielonych małży z puszki
- Olej lub masło klarowane
- ¼ szklanki kwaśnej śmietany lub jogurtu
- 1 łyżeczka koperku; estragon lub tymianek

INSTRUKCJE:

a) Delikatnie wymieszaj wszystkie składniki, dodając małże na końcu. Nakładać po 2 czubate łyżki na każdy placek na rozgrzaną, natłuszczoną patelnię lub żelazną patelnię.
b) Kiedy bąbelki pękną, obróć placki.
c) Podawać na ciepło z kleksem ziołowej śmietany, jogurtu lub sosu tatarskiego.

93. Kulki małżowe

SKŁADNIKI:

- 3 6 1/2 uncji puszki mielonych małży odsączonych d
- 3 Łodygi selera, posiekane
- 1 cebula, posiekana
- Sól i pieprz do smaku
- 6 Jajka na twardo, pokrojone w kostkę
- ½ funta Wilgotna bułka tarta
- Olej do głębokiego smażenia

INSTRUKCJE:

a) Dodaj tyle wody, aby sok z małży powstał w 2 filiżankach. Umieść 1 ½ szklanki soku z małży, cebulę i seler w rondlu; gotować, aż seler będzie miękki.

b) Do selera dodaj małże, sól i pieprz; dusić przez 10 minut. Do mieszanki cebulowej dodaj jajka, pozostały sok z małży i bułkę tartą.

c) Gdy ostygnie, uformuj małe kulki; przechowywać w lodówce, aż dobrze się schłodzi.

d) Rozgrzej olej we frytownicy do 350. Smażyć kulki z małży na złoty kolor.

e) Odsączyć na ręcznikach papierowych; podawać od razu z wykałaczkami.

PRZEGRZEBKI

94. Ceviche z przegrzebków zatokowych

SKŁADNIKI:
- 1 ½ łyżeczki mielonego kminku
- 1 szklanka świeżego soku z limonki
- ½ szklanki świeżego soku pomarańczowego
- 2 funty przegrzebków zatokowych
- 1 Ostra czerwona papryczka chili; drobno posiekane
- ¼ szklanki czerwonej cebuli; drobno posiekane
- 3 Dojrzałe pomidory śliwkowe; posiana i posiekana
- 1 czerwona papryka; posiana i posiekana
- 3 zielone cebule; posiekana
- 1 szklanka posiekanej świeżej kolendry
- 1 limonka; w plasterkach, do dekoracji

INSTRUKCJE:
a) Wymieszaj kminek z sokiem z limonki i pomarańczy i polej przegrzebki.
b) Wymieszać z posiekaną papryczką chili i czerwoną cebulą. Przykryj i wstaw do lodówki na co najmniej 2 godziny.
c) Tuż przed podaniem odcedź przegrzebki i wymieszaj z posiekanymi pomidorami, papryką, zieloną cebulą i kolendrą. Udekoruj plasterkami limonki.

95.Przegrzebki z bourbona i boczku

SKŁADNIKI:
- 3 łyżki posiekanej zielonej cebuli
- 2 łyżki Bourbona
- 2 łyżki syropu klonowego
- 1 łyżka sosu sojowego o niskiej zawartości sodu
- 1 łyżka musztardy Dijon
- ¼ łyżeczki pieprzu
- 24 duże przegrzebki morskie
- 6 plastrów boczku z indyka; 4 uncje
- Spray do gotowania
- 2 szklanki ugotowanego ryżu

INSTRUKCJE:
a) Połącz pierwsze 6 składników w misce; dobrze wymieszać. Dodaj przegrzebki, delikatnie mieszając, aby je pokryć. Przykryj i marynuj w lodówce przez 1 godzinę, od czasu do czasu mieszając.
b) Wyjąć przegrzebki z miski, zachowując marynatę. Każdy plaster boczku pokroić na 4 kawałki. Owiń kawałek boczku wokół każdej przegrzebki
c) Nadziewaj przegrzebki na 4 (12-calowe) patyki do szaszłyków, zostawiając trochę odstępu między przegrzebkami, aby boczek się ugotował.
d) Umieść szaszłyki na patelni z brojlerami pokrytym sprayem kuchennym; Podpiekaj przez 8 minut lub do momentu, aż bekon będzie chrupiący, a przegrzebki gotowe, od czasu do czasu polewając zarezerwowaną marynatą

96. Karmelizowane przegrzebki morskie

SKŁADNIKI:

- 12 przegrzebków morskich przekrojonych na pół
- 2 uncje wina porto
- 1 uncja bulionu cielęcego
- ½ szklanki bulionu z małży
- 1 uncja masła, niesolonego
- 2 łyżeczki posiekanej trufli
- 2 łyżeczki soku truflowego
- 1 łyżka oleju z orzechów laskowych
- 12 sztuk marchewek młodych, glazurowanych
- 4 uncje szpinaku, smażonego na maśle

INSTRUKCJE:

a) Zapal wino porto, dodaj bulion cielęcy i małże, zagotuj i zredukuj o jedną trzecią.

b) Monte z jedną uncją masła i w ostatniej chwili dodać sok truflowy i posiekane trufle. Smażyć przegrzebki na oleju z orzechów laskowych na dużym ogniu, aż uzyskają złoty kolor.

c) Na talerzu ułóż dekoracje i przegrzebki, a następnie polej sosem.

RAK

97. Gotowanie raków w stylu Cajun

SKŁADNIKI:
- Raki żywe (tyle, ile potrzeba)
- 5 galonów wody
- 1 szklanka przyprawy Cajun
- 1 szklanka soli
- 1 szklanka całych ziaren czarnego pieprzu
- 1 szklanka ząbków czosnku
- 6 cytryn przekrojonych na pół
- 1 szklanka ostrego sosu (dostosuj do smaku)
- Kukurydza w kolbie
- czerwone ziemniaki

INSTRUKCJE:
a) Napełnij duży garnek wodą i zagotuj.
b) Do wrzącej wody dodać przyprawę Cajun, sól, ziarna pieprzu, czosnek, cytryny i ostry sos.
c) Pozostaw mieszaninę na wolnym ogniu przez 10-15 minut, aby smaki się połączyły.
d) Do garnka dodaj raki, kolbę kukurydzy i czerwone ziemniaki.
e) Gotuj przez około 5-7 minut lub do momentu, gdy raki zmienią kolor na jasnoczerwony, a ziemniaki będą miękkie.
f) Odcedź wodę i rozłóż zawartość na dużym stole przykrytym gazetą.
g) Podawać z dodatkową przyprawą Cajun i cząstkami cytryny.

98. Raki z masłem czosnkowym

SKŁADNIKI:
- Żywe raki
- 1/2 szklanki masła
- 4 ząbki czosnku, posiekane
- 1 łyżka posiekanej świeżej natki pietruszki
- Sól i pieprz do smaku
- Kawałki cytryny do podania

INSTRUKCJE:
a) Gotuj raki na parze lub gotuj, aż będą ugotowane. Rozbij muszle i usuń mięso.
b) Na patelni rozpuść masło na średnim ogniu i podsmaż posiekany czosnek, aż zacznie pachnieć.
c) Dodaj mięso raków na patelnię i wymieszaj, aby pokryło się masłem czosnkowym.
d) Posypać posiekaną natką pietruszki, solą i pieprzem. Gotuj przez dodatkowe 2-3 minuty.
e) Podawać z cząstkami cytryny.

99.Makaron Rakowy

SKŁADNIKI:

- Gotowane ogony raków, obrane
- 8 uncji linguine lub fettuccine
- 2 łyżki oliwy z oliwek
- 4 ząbki czosnku, posiekane
- 1/2 szklanki pomidorków cherry, przekrojonych na połówki
- 1/4 szklanki białego wina
- 1/4 szklanki bulionu z kurczaka lub warzyw
- Płatki czerwonej papryki (opcjonalnie)
- Sól i czarny pieprz do smaku
- Świeża natka pietruszki, posiekana, do dekoracji

INSTRUKCJE:

a) Ugotuj makaron zgodnie z instrukcją na opakowaniu.
b) Na dużej patelni rozgrzej oliwę z oliwek na średnim ogniu. Dodaj posiekany czosnek i smaż, aż zacznie pachnieć.
c) Na patelnię dodaj ogony raków i pomidorki koktajlowe. Gotuj przez 2-3 minuty.
d) Wlać białe wino i bulion, gotować na wolnym ogniu przez 5 minut.
e) Dopraw płatkami czerwonej papryki (jeśli używasz), solą i czarnym pieprzem.
f) Ugotowany makaron wrzuć na patelnię i posmaruj mieszanką rakową.
g) Udekorować świeżą natką pietruszki i podawać.

100. Etouffee z raków

SKŁADNIKI:

- 1 funt ogonów raków, obranych
- 1/2 szklanki masła
- 1/2 szklanki mąki uniwersalnej
- 1 cebula, drobno posiekana
- 1 papryka, posiekana
- 2 łodygi selera, posiekane
- 3 ząbki czosnku, posiekane
- 2 szklanki bulionu z kurczaka lub warzyw
- 1 puszka (14 uncji) pokrojonych w kostkę pomidorów
- 1 łyżka sosu Worcestershire
- 1 łyżeczka przyprawy Cajun
- Ugotowany biały ryż do podania

INSTRUKCJE:

a) Na dużej patelni rozpuść masło na średnim ogniu. Dodaj mąkę, aby zrobić zasmażkę i smaż, aż uzyska złoty kolor.
b) Na patelnię dodaj posiekaną cebulę, paprykę, seler i czosnek. Gotuj, aż warzywa zmiękną.
c) Stopniowo dodawaj bulion drobiowy lub warzywny, ciągle mieszając, aby uniknąć grudek.
d) Wymieszaj pokrojone w kostkę pomidory, sos Worcestershire i przyprawę Cajun. Dusić przez 10-15 minut.
e) Dodaj ogony raków i gotuj, aż się rozgrzeją.
f) Podawaj etouffee z ugotowanym białym ryżem.

WNIOSEK

Kończąc naszą oceaniczną podróż poprzez „Kompletną książkę kucharską ze skorupiakami", mamy nadzieję, że doświadczyłeś radości odkrywania różnorodnego i pysznego świata skorupiaków. Każdy przepis na tych stronach jest celebracją słonych, słodkich i pikantnych smaków, które definiują te podwodne skarby – świadectwo kulinarnych możliwości, jakie oferują skorupiaki.

Niezależnie od tego, czy delektowałeś się prostotą idealnie wyłuskanych ostryg, doceniłeś wszechstronność grillowanych krewetek, czy też rozkoszowałeś się dekadenckimi daniami z homara, ufamy, że te przepisy rozbudziły Twoją pasję do tworzenia zapadających w pamięć i przepysznych dań ze skorupiaków. Niech poza składnikami i technikami „Kompletna książka kucharska ze skorupiakami" stanie się źródłem inspiracji, nawiązaniem do bogactw oceanów i celebracją radości, jaka towarzyszy każdemu stworzeniu skorupiaków.

Gdy będziesz kontynuować odkrywanie świata kuchni ze skorupiaków, niech ta książka kucharska będzie Twoim zaufanym towarzyszem, prowadząc Cię przez różnorodne przepisy, które ukazują bogactwo i wszechstronność tych oceanicznych przysmaków. Oto, jak delektować się słoną świeżością, tworzyć kulinarne arcydzieła i cieszyć się pysznością, która towarzyszy każdemu kęsowi. Miłego gotowania!

www.ingramcontent.com/pod-product-compliance
Lightning Source LLC
Chambersburg PA
CBHW071322110526
44591CB00010B/982